초등교사를 위한 지속가능발전교육(ESD) 안내서

지속가능발전교육, 어떻게 할까?

초등교사를 위한 지속가능발전교육(ESD) 안내서

지속가능발전교육, 어떻게 할까?

김다원·김세미·문은주·윤정·최규식·한효의 지음

푸른길

지구는 지구상의 인류와 생물이 살아가는 터전이다. 지구상의 모든 인류와 생물이 조화롭게 그리고 평화롭게 살아갈 수 있는 지구의 현재와 미래를 만들어 가는 것은 인류와 생물의 생명을 지키는 길이다. 그런데 기후변화, 생물다양성 감소, 사회적·경제적 불평등 등의 지구적 문제들이 확대되고 있는 시점에서 2019년 겨울에 발생한 코로나19는 지속가능발전에 대한 관심과 행동을 더 이상 미룰 수 없는 우리의 해결 과제임을 뼈저리게 인식시켜 주었다. 오늘날 인류는 아주 밀접하게 연결되어 있어서 상호 협력이 요구되는 시대에 살고 있다.

지속가능발전은 자연과 공존하면서 인구증가, 경제성장 과정에서 발생하는 지구적 문제를 해결하여 필요와 편의를 추구하고자 하는 우리 사회의 노력이다. 지속가능발전이 본격적으로 개념화되어 알려진 것은 1987년 '환경과 개발에 관한 세계위원회(WCED)'에서 보고된 『우리 공동의 미래(브룬트란트 보고서)』를 통해서였다. 이 보고서에서는 지속가능발전을 "미래 세대의 필요를 충족시킬 수 있는 능력을 저해하지 않으면서 현세대의 필요를 충족시키는 발전"으로 정의하였다. 1992년 브라질 리우데자네이루에서 개최된 '유엔환경개발회의(리우회의)'에서 '환경적으로 건전하고 지속가능한 발전'을 추구하기 위한 실천 전략을 구체화하였는데, 지속가능발전교육이 지속가능발전을 구현하기 위한 핵심 실천 전략으로 채택되었다. 이후 2002년 남아프리카공화국 요하네스버그에서 열린 '지속가능발전 세계정상회의'에서는 지속가능발전교육의 활성화 방안으로 「유엔 지속가능발전교육 10년(UN Decade of Education for Sustainable Development(DESD)/2005-2014)」이 제안되었고, 선도기관으로 지정된 유네스코는 2004년 「유엔 지속가능발전교육 10년 국제이행계획」을 만들었다. 국내에서는 2005년 대통령자문 지속가능발전위원회가 설치되어 우리나라의 지역적 특수성을 반영하여 국가 단위의 지속가능발전교육 관련 전략과 이행 계획을 수립하였다.

이에 2007개정교육과정에서부터 2015개정교육과정에 이르기까지 지속가능발전교육을 범교과 학습주제로 명시하여 관련 교과, 재량활동, 특별활동 등 학교 교육활동 전반에 걸쳐 통합적으로 다뤄지도록 하고 있다. 그럼에도 불구하고 그간 지속가능발전교육은 교육계 전반에서 이루어졌다기보다는 환경교육 전문가, 유네스코한국위원회 등과 같은 지속가능발전교육의 중요성을 공감하고 실천하고자 하는 기관과 개인에 의존하였으며, 학교 현장의 교사들은 지속가능발전교육의 개념적 이해에서 혼란과 어려움을 겪고 있어서 실질적인 효과보다는 수사적인 지속가능발전교육에 머물러 있다고 할 수 있다.

지속가능발전교육이 학교 교육에 자연스럽게 스며들게 하기 위해서는 학교 교육과정과 지속가능발전교육을 연결하는 것 그리고 교사의 지속가능발전교육에의 관심과 수업 역량개발이 가장 효과적이다. 학교는 학생들이 지속가능한 사회를 그려 가는 장소여야 하며, 이에 대한 여러 가지 도전 과제와 가능성을 발견하고 실천하는 곳이어야 한다. 그리고 학교에서 교사는 지속가능발전교육의 실천자로서 지속가능한 사회를 열어 가는 희망의 문지기 역할을 할 수 있어야 한다.

그간 인류는 집단지성, 협업을 통해 긴 인류의 역사를 만들어 왔다. 그 근저에서 교육은 지식을 활용하고 협력을 가능하게 하여 오늘날 인류 삶의 터전으로써 세상을 만들어 오는 데 핵심 역할을 해 왔다. 그런데 역사적으로 그 어느 때보다도 교육의 힘을 빌려서 지속가능발전을 추구해야 할 중요한 시기에 있다. 그리하여 유엔, 유네스코 등의 국제기구에서는 지속가능발전목표(SDGs)를 통해, 국가 및 지역 교육청의 교육과정에서는 기후환경과 지속가능발전교육을 통해 지속가능한 지구의 미래를 위해 노력하고 있다. 특히, 2022개정교육과정에서는 2015개정교육과정에서보다 더 적극적으로 '생태전환교육'의 면에서 관련 교육의 필요성을 제시하고 있다. 오늘날 우리는 인간과 환경이 조화롭게, 평화롭게, 그리고 정의로운 사회에 기반한 지속가능한 미래를 열어 가야 할 중요한 시기에 있다. 하지만 이에 대한 교육은 변혁적 접근이 필요하다.

이러한 시대적 상황에서 지속가능발전교육을 위한 변혁적 접근을 통해 지속가능한 미래를 열어 가려는 열정을 갖고 고군분투하면서 지속가능발전교육을 실행했던 여러 선생님의 노력과 그 결과를 이 책에 담아 관심 있는 모든 선생님과 공유하고자 한다. 이 책에서는 글로벌 시민성의 관점에서 지속가능발전교육을 위한 변혁적 접근에 기반하여 초등학교에서 이에 대한 교육을 어떻게 구상하고 실행할 것인가에 중점을 두고 관련 내용과 수업 실천 사례를 제시한다. 지난 몇 년에 걸쳐서 연구했던 "초등 지속가능발전교육 수업전략과 모듈 개발"(국제이해교육연구 15(3)에 게재)과 10여 년 이상 지속가능발전교육에 참여한 경험과 연구의 결과물이다.

제1장은 지속가능발전에 대한 개요를 다룬다. 지속가능발전교육에서 지향하는 목표, 관련 내용, 적용을 위한 수업 전략 등을 보여 준다. 이를 통해 지속가능발전교육을 위한 이론적 배경을 살펴볼 수 있도록 하였다.

제2장과 제3장에서는 지속가능발전교육 구상과 실천 사례를 다룬다. 학교 전체 차원에서 구상하고 실행한 교육 사례와 교실 수업에서 구상하고 실천한 사례를 보여 준다. 특히, 교실 수업 사례에서는 기후 환경, 식량 자원, 자원 순환, 지속가능한 마을 등의 네 가지 핵심 주제 중심 수업 사례를 보여 주면서 지속가능발전교육에의 접근 방법을 다루고 있다.

지속가능발전교육 수업 후기와 지속가능발전교육 수업 실행에 유용한 자료는 부록으로 따로 다루었다. 10년 이상 지속가능발전교육을 공부하고 수업에 적용해 온 저자들의 경험을 보여 주

지속가능발전교육, 어떻게 할까?

면서 지속가능발전교육에 효과적으로 접근하고 실행할 수 있도록 지원한다.

이 도서의 발간에는 2014년, 초등교사 중심 광주지속가능발전교육 교원연구회(GESD) 모임을 만들어서 처음 21명의 선생님과 함께 푸른광주21(현 광주지속가능발전협의회)의 후원과 한국과학창의재단의 사업을 병행하면서 현재까지 GESD가 발전할 수 있게 지도와 지원을 아낌없이 주셨던 최도성 총장(현 광주교육대학교 총장)의 기여가 있었다. 물심양면으로 GESD를 지원해 주셔서 교사들은 지속가능발전교육에 꾸준히 관심을 가질 수 있었고, 그러한 관심과 노력의 결실로 이 책이 나올 수 있었다. 이 책이 지구상의 모든 학생이 글로벌 시민으로서 지속가능한 미래를 열어 가는 데 필요한 교육의 자료 역할을 하길 바란다. 그리고 이 책의 가치를 발견하고 흔쾌히 편집하고 제작해 준 푸른길 출판사에 고마움을 전한다.

2022년 10월
저자를 대표하여
김다원

차례

제1장 지속가능발전교육 개관

1. 학교 교육에서 지속가능발전교육의 필요성

유네스코 헌장의 전문에는 다음의 내용이 있다.

"전쟁은 인간의 마음에서 생기는 것이므로 평화의 벽이 세워져야 할 곳도 인간의 마음이다."

세계 평화를 위해서는 사람들의 마음에 평화의 씨앗을 심는 일이 가장 우선되어야 한다는 것이다. 그래서 우리는 사회의 긍정적 변화를 교육에 담아 오고 있다.

1992년 브라질 리우데자네이루에서 개최된 유엔환경회의에서는 지구온난화를 방지하기 위해 온실가스 방출 규제를 내용으로 하는 「기후변화에 관한 유엔 기본 협약」을 채택하였다. 이후 구체적 이행 방안으로 1997년에는 「교토의정서」를 채택하였고, 2015년에는 지구 평균온도를 산업화 이전 수준 대비 2℃ 이상 상승을 막기 위해 온실가스 배출량을 단계적으로 감축하자는 내용을 담은 「파리협약」을 채택하였다. 1988년에 세계기상기구와 유엔환경계획은 기후변화 문제에 대처하기 위해 공동으로 기후변화에 관한 정부 간 협의체(IPCC)를 설립하여 인간 활동에 대한 기후변화의 위험도를 평가하고 있다. 최근 IPCC에서는 온실가스 배출이 계속됨에 따라 지구온난화는 더 심해지고 기후 시스템을 구성하는 요소들이 장기적으로 변화하여 인간 및 생태계에 심각하게 돌이킬 수 없는 영향을 미칠 수 있음을 경고하였다(IPCC, 2014). 이렇게 국제사회는 빠르게 증가하는 기후변화의 위험을 경고하고 있으며, 이에 대한 대비와 관심을 촉구하고 있다.

특히 코로나19의 발생으로 기후변화에 대한 관심과 대응 준비는 더 이상 선택이 아닌 필수 과제가 되었다. 인간에 의한 생태계 파괴는 생물 다양성 감소, 해수면 상승, 해충의 창궐, 사막화 등 코로나19와 같은 재난을 넘어 인류의 생존을 위협할 기세이다(공우석, 2020). 특히 지구온난화는 고산지대, 습지, 사막, 열대우림 등 사람의 발길이 닿지 않은 곳의 생태계에도 큰 부담을 주고 있다. 그래서 지금은 고탄소에서 저탄소로 기후환경의 절실한 변화가 요구되는 시점이다(Hicks, 2018).

오늘날 사회를 가리켜 '기후 위기 시대'라고 한다. 그간 교육과정에 포함된 기후에 관한 내용만으로 오늘날의 기후변화를 완화하고 적응할 수 있는 기후 위기 대응 능력을 키울 수 있을까? 지구온난화로 기후변화의 속도가 더 빨라지고 있고 기후변화의 양상도 다양해지고 있다. 무엇보다도 현재의 기후위기는 자연적 원인보다 인간이 부추기고 있다는 점이 중요하며, 기후 위기는 결코 일부 지역에 한정되지 않기 때문에 전 인류의 과제가 되었다(공우석, 2020: 20). 기후변화에 따른 생활 모습과 사회현상을 파악하고 이에 대응할 수 있는 교육이 필요하다.

2004년 「유엔 지속가능발전교육 10년 국제이행계획」에서 지속가능발전교육은 "모든 사람이 질 높은 교육의 혜택을 받을 수 있으며, 이를 통해 지속가능한 미래와 사회 변혁을 위해 필요한 가치, 행동, 삶의 방식을 배울 수 있는 사회를 지향하는 교육"으로 제시하였다(UNESCO, 2004). 이후 "교육은 지속가능한 전 지구적 발전이라는 새로운 비전에 기여할 수 있고 기여해야 한다"라는 유네스코의 표명으로 더 구체적인 목표에 기반한 지속가능발전교육이 실행되었다(유네스코한국위원회, 2019). 특히, 지속가능발전교육은 지속가능발전에 기여할 수 있는 지식, 기술, 가치, 태도 교육에 초점을 둔다. 이를 위해 특별히 지속가능발전교육은 학습자가 현세대와 미래 세대를 위해 환경적으로 온전하고, 경제적으로 지속가능하며, 정의로운 사회를 이루기 위한 올바른 결정과 책임 있는 행동을 할 수 있는 역량을 강화하는 교육적 접근을 요구한다(유네스코한국위원회, 2019). 궁극적으로 지속가능발전교육의 목표는 개인이 지역적 및 전 지구적 관점에서 현재와 미래의 사회적, 문화적, 경제적, 환경적 영향을 고려해 자신의 행동을 성찰할 수 있는 역량을 개발하는 데 둔다(유네스코한국위원회, 2019).

학교에서는 지속가능발전교육 목표 달성을 위해 학생들이 실천적으로 활동할 수 있는 교육 프로그램을 개발하여 활용하는 것이 필요하다. 그리고 쉽고 재미있게 체험하면서 사고할 수 있도록 다양한 상황을 제시하고 협력적으로 문제를 해결하는 과정을 경험하는 것이 매우 중요하다. 이러한 활동을 통해 지속가능발전교육 역량을 기를 때 미래 사회에 능동적으로 대처할 수 있는 능력을 기를 수 있을 것이다.

2. 지속가능발전교육의 목표와 내용

유네스코에서는 지속가능발전교육을 통해 개인이 지역적 및 지구적 관점에서 현재와 미래의 사회적, 문화적, 경제적, 환경적 영향을 고려해 자신의 행동을 성찰할 수 있는 역량을 표 1.1과 같이 제시하였다(유네스코한국위원회, 2019). 제시한 8개의 핵심 역량에는 시스템 사고, 예측, 규범 파악과 이해, 전략, 협력, 비판적 사고, 자아 인식, 문제해결 등이 포함되어 있다. 기존에 유네스코에서 제시했던 글로벌 시민교육 역량과 OECD에서 제시한 글로벌 역량과는 협력·비판적 사고·자아 인식 역량에서 공통점이 있지만, 시스템 사고·예측·규범적·전략적·통합적 문제해결 역량 등에서는 차별성을 보인다(김다원, 2020). 여기에는 지속가능성을 인식하고 현재와 미래를 향한 지속가능발전을 추구하는 데 있어서 요구되는 특별한 영역의 지속가능발전교육의 특성이 포함되어 있다고 할 수 있다.

시스템 사고 역량은 관계적 사고 영역에 해당하는 것으로, 현재 세대와 미래 세대 간 형평성, 환경·경제·사회문화 영역 간 통합적 연계성, 인간과 환경 간 연계성을 파악하고 관련지어 사고할 수 있는 능력이다. 이는 지속가능성을 파악하고 구현하는 데 있어 중요한 핵심 역량이라고 할 수 있다. 예측 역량은 가능한 미래, 바람직한 미래 등 미래를 이해하고 평가하는 능력으로, 지속가능성이 담고 있는 미래지향적 발전을 추구하는 데 요구되는 역량이다. 규범적 역량은 개인이 자신의 생활에서 기초가 되는 규범과 가치를 이해하고 성찰하는 능력으로, 지속가능성을 위해 필요한 가치, 원칙 등을 조율할 수 있는 능력이다. 전략적 역량은 지속가능성을 추구하는 데 필요한 발전 전략을 수립하고 실행할 수 있는 능력으로, 지속가능발전과 깊은 관련성을 지닌

표 1.1 지속가능발전교육 핵심 역량

핵심 역량	내용
시스템 사고 역량	관계를 인지하고 이해하는 능력, 복잡한 시스템을 분석하는 능력, 시스템들이 어떻게 다양한 영역 및 척도 안에 내재되어 있는지 생각하는 능력, 불확실성에 대처하는 능력
예측 역량	가능한 미래, 개연성이 있는 미래, 바람직한 미래 등 다양한 미래를 이해하고 평가하는 능력, 미래에 대한 자신의 비전을 창조하는 능력, 예방 원칙을 적용하는 능력, 행동의 결과를 평가하는 능력, 위험과 변화에 대처하는 능력
규범적 역량	자신의 행동에 기초가 되는 규범과 가치를 이해하고 성찰하는 능력, 이해 충돌과 절충, 불확실한 지식 및 모순의 맥락에서 지속가능성의 가치, 원칙, 목표 및 세부 목표를 조율하는 능력
전략적 역량	지역 수준 및 더 넓은 수준에서 지속가능성을 증진시키는 혁신적인 행동을 집단적으로 개발하고 이행하는 능력
협력 역량	타인으로부터 배우는 능력, 타인의 필요, 관점 및 행동을 이해하고 존중하는 능력, 타인을 이해하고 관계를 맺으며 민감하게 반응하는 능력, 집단 내 갈등에 대처하는 능력, 협력적이고 참여적인 문제해결을 용이하게 하는 능력
비판적 사고 역량	규범, 관행 및 의견에 의문을 제기하는 능력, 자기 자신의 가치, 인식 및 행동을 성찰하는 능력, 지속가능성 담론에서 자신의 입장을 취하는 능력
자아 인식 역량	지역사회 및 글로벌 사회에서 자신의 역할을 성찰하는 능력, 자신의 행동을 지속적으로 평가하고 동기 부여를 하는 능력, 자신의 감정과 욕구에 대처하는 능력
통합적 문제해결 역량	복잡한 지속가능성 문제에 다양한 문제 해결의 틀을 적용하고, 위에서 언급한 역량들을 통합해 지속가능발전을 촉진하는 실행 가능하고, 포용적이며, 공평한 해결책을 개발할 수 있는 가장 중요한 능력

(출처: 유네스코한국위원회, 2019: 10)

역량이다. 이러한 역량들은 기존의 세계시민교육이나 글로벌교육과는 달리 지속가능발전교육에서 강조되는 특별한 역량들이라고 할 수 있다.

또한 유네스코에서는 지속가능발전 목표 달성을 위한 구체적인 학습목표를 표 1.2와 같이 제시하였다(유네스코한국위원회, 2019; 김다원, 2020). 여기서는 학습목표를 인지적 영역, 사회·정서적 영역, 행동적 영역으로 구분하여 제시하였다. 이는 일반적인 학교의 교과 학습목표 제시 유형인 인지적 영역과 사회·정서적 영역 중심의 목표 제시 외에 행동적 영역을 포함하고 있다. 인지적 영역에서는 지속가능발전목표(SDGs)와 달성에 필요한 과제들을 이해하는 데 필요한 지식과 관련 인지 활동을, 사회·정서적 영역에서는 학습자의 자아 성찰, 가치·태도 함양, 그리고 소통 기술을 포함한다. 행동적 영역은 행동으로 연결할 수 있는 행동 역량 서술을 포함한다.

유네스코에서는 「유엔 지속가능발전교육 10년 국제이행계획」에서 지속가능발전교육을 위

표 1.2 지속가능발전교육 목표 영역

학습목표	내용
인지적 영역	SDGs와 그 달성에 따른 도전 과제를 이해하는 데 필요한 지식과 사고력
사회·정서적 영역	학습자가 스스로를 개발할 수 있는 자아성찰 능력, 가치, 태도, 동기 부여 및 SDGs 증진을 위해 협력, 협상, 소통할 수 있는 사회적 기술
행동적 영역	행동 역량 서술

(출처: 유네스코한국위원회, 2019, 11)

표 1.3 지속가능발전교육 내용

연구 주체	지속가능발전교육 내용		
	사회문화 영역	환경 영역	경제 영역
UNESCO (2004)	• 인권 • 평화·안전 • 양성평등 • 문화적 다양성 • 건강과 에이즈 • 거버넌스	• 자연자원(물, 에너지, 농업 등) • 기후변화 • 농촌 개혁 • 지속가능한 도시화 • 재해 예방 및 완화	• 빈곤 퇴치 • 기업의 책무 • 시장경제
대통령 자문 지속가능발전위원회 (이선경 외, 2005)	• 인권 • 평화·안전 • 양성평등 • 문화적 다양성 • 건강과 에이즈 • 거버넌스 – 갈등 해소 – 통일 – 사회 혁신 – 연대(파트너십) – 매체 소양	• 기후변화 • 농촌 개혁 • 지속가능한 도시화 • 재해 예방 및 완화 – 자연자원(물, 에너지, 대기 등) – 생물종 다양성 – 재해 예방/축소 – 교통 – 주거 환경	• 빈곤 퇴치 • 기업의 책무 • 시장경제 – 지속가능한 생산과 소비 – 빈부격차 완화
UN(2015)	• SDG1: 빈곤 종식 • SDGs2: 기아 종식 • SDGs3: 건강과 웰빙 • SDGs4: 양질의 교육 • SDGs5: 성평등 • SDGs6: 깨끗한 물과 위생 • SDGs7: 적정 가격의 깨끗한 에너지	• SDG8: 양질의 일자리와 경제성장 • SDG9: 산업, 혁신과 인프라 • SDG10: 불평등 감소 • SDGs11: 지속가능한 도시와 지역사회 • SDG12: 책임감 있는 소비와 생산	• SDGs13: 기후변화 대응 • SDGs14: 해양 생태계 • SDGs15: 육상 생태계 • SDGs16: 평화, 정의, 강력한 제도 • SDGs17: SDGs를 위한 파트너십
	SDGs 4.7: 2030년까지 모든 학습자들이 지속가능발전 및 지속가능 생활방식, 인권, 성평등, 평화와 비폭력 문화 증진, 세계시민의식, 문화다양성 및 지속가능발전을 위한 문화의 기여에 대한 교육을 통해 지속가능발전을 증진하기 위해 필요한 지식 및 기술 습득을 보장한다.		

한 내용 영역들을 사회문화 영역, 환경 영역, 경제 영역으로 구분하여 총체적으로 접근하는 교육으로 특징지었다(UNESCO, 2004). 이후 유네스코에서 제시한 지속가능발전교육 내용을 토대로 국가별로 국가적 상황에 적합한 지속가능발전교육 내용을 선정하였다. 우리나라에서는 대통령 자문 지속가능발전위원회에서 지속가능발전교육 내용 선정 연구를 수행하였다(이선경 외, 2005). 세부 내용은 표 1.3과 같다.

지속가능발전교육 내용은 크게 사회문화 영역, 환경 영역, 경제 영역으로 구성되며, 유네스코(2004)의 초기 구성 내용을 기반으로 하되, 대통령 자문 지속가능발전위원회에서 한국 상황에 맞게 지속가능발전교육 내용을 재설정하였고, 이후 기관 및 연구자에 의해 연구 목적에 따라서 사회문화 영역, 환경 영역, 경제 영역의 세부 내용에 변화가 있었다. 그러나 전체적으로 큰 차이를 보이지는 않는다. 이는 지속가능발전교육의 세부 내용은 사회문화 영역, 환경 영역, 경제 영역을 중심으로 하되, 그 안에서 지역사회, 학생, 학교 등의 환경에 따라서 융통성 있게 선정하여 적용할 수 있음을 시사한다 하겠다.

또한 2015년 유엔에서 발표한 지속가능발전목표(SDGs)는 지속가능발전교육의 주요 내용이 될 수 있다. 지속가능발전목표 1(SDGs1)에서부터 17(SDGs17)까지 지속가능발전목표들을 학습자 수준, 학습자 환경, 교과 주제 등과 연계하여 세부 내용들을 학습의 내용으로 선정, 활용할 수 있다.

3. 지속가능발전교육 수업 전략

1) 지속가능발전교육 원리

좋은 사회는 경제적으로 번영할 뿐 아니라 환경적으로 지속가능하고, 사회적으로 통합되며, 모든 사람들이 정의와 공정의 혜택을 받는 사회이다. 즉 좋은 사회는 공정성, 생산성, 지속가능성이 포함된 사회라고 할 수 있다(제프리 삭스, 2015). 지속가능발전교육은 지속가능성의 인식에 대한 교육으로 사회적 공정성을 유지하면서 사회적 지속가능성을 추구하고, 경제적 생산성을 유지하면서 경제적 지속가능성을 지속하고, 물, 땅, 공기, 광물 등의 자연자원을 보호하여 미래 세대에까지 유지하는 자연적(환경적) 지속가능성을 향상시키는 데 목적을 둔다(Kopnina & Meijers, 2014).

지속가능성은 일반적으로 사용되기는 하지만 명확하게 구체적으로 정의되기 어려운 복합적 개념이다. 환경과 개발에 관한 세계위원회에서 제시한 지속가능성은 "미래 세대의 필요를 저해하지 않으면서 현재 세대의 필요를 충족하는 발전"이다(WCED, 2005). 유네스코(2004)와 우리나라 대통령 자문 지속가능발전위원회 연구 보고서(이선경 외, 2005)에서는 지속가능발전교육의 영역으로 사회문화 영역, 환경 영역, 경제 영역을 제시하였다. 지속가능성은 우리에게 사회문화, 환경, 경제 체계 간의 상호작용을 고려하도록 하며(Whitehead, 2006), 지적 탐구로서 지속가능발전교육은 사회문화, 환경, 경제 등 세 영역의 복잡한 시스템 간 상호작용을 이해하는 것이다(제프리 삭스, 2015). 환경과 개발에 관한 세계위원회 보고서인 『우리 공동의 미래』에서도 지구 공동체가 직면하고 있는 지구적 문제를 분석하고, 이의 해결을 위한 지구적 차원의 협력이 필요하며, 지구적 환경 문제는 환경 분야에서의 관심과 노력으로 해결할 수 없는 복잡성을 갖고 있어 그 복잡성을 파악하고 문제를 해결하기 위해서는 사회문화·환경·경제 면에서 긴밀한 관계적 통찰이 요구된다고 하였다(WCED, 2005).

이는 세 영역 간 통합적 접근에 기반한 지속가능발전교육의 전략적 실행을 요구한다. 사회적, 환경적, 경제적 측면을 상호 연계하여 살펴보지 않고는 지속가능성을 판단하기 어렵다는 것이다. 우리가 살아가는 곳은 '환경'이며, 환경은 인간의 생활, 욕구, 필요와 분리되어 있지 않다. 특히 사람들의 삶의 영역이 확장되면서 환경, 사회, 경제 영역들 간의 경계들은 무너지고 점점 더 밀접하게 연결되고 있다. 오늘날 기후환경의 변화가 가져온 코로나19 발생은 사람들의 사회생활에 부정적 영향을 미치고 있을 뿐 아니라 경제적 불황에도 영향을 미치고 있다. 그런데 이러한 환경적 재앙은 그간 인간의 사회생활, 경제활동과 무관하지 않다. 이는 환경과 경제, 그리고 사회문화가 서로 얽혀 있는 복잡한 관계를 여실히 보여 준다고 하겠다.

베리룬드와 게리케(Berglund & Gericke, 2016)는 세 영역 간 통합적 접근에 기반해 교육했을 때, 학생들이 맥락적 상황과 각 영역의 관점을 토대로 학습자 자신의 시각과 의견을 형성한다는 사실을 지지한다. 제프리 삭스(2015: 25)는 지속가능발전의 지적 탐구는 사회, 환경, 경제의 세 개 시스템 간의 복잡한 상호작용을 이해하는 것이라고 하였다. 이러한 상호작용을 이해하면서 궁극적으로 환경, 사회, 경제의 지속성을 확보하는 것이다. 이 세 분야는 지속가능한 발전의 주요 축으로 재확인되고 있으며, 지속가능발전교육의 형식과 내용의 중요한 틀로 제공된다(이선경 외, 2005). 세 핵심 분야에서 사회 분야는 사회 제도, 사회 현상에 대한 이해 그리고 사회의 발전과 변화를 인식하고 민주적이고 참여적인 민주주의 사회의 시스템을 이해하는 것이다. 환경 분야는 자연환경을 주요 대상으로 하여 환경 인식, 환경과 인간 간의 상호작용, 환경 문제 등을 살펴보고 이해하는 것이며, 경제 분야는 경제 성장의 한계와 잠재적 가능성, 사회문화와 환경에 미치는 영향 등을 이해하는 것이다.

둘째, 세대 간 형평성 추구이다. 세대 간 형평성 추구는 1987년 환경과 개발에 관한 세계위원회에서 발간한 『우리 공동의 미래』에 포함된 지속가능발전 개념인 "미래 세대의 필요를 저해하지 않으면서 현재 세대의 필요를 충족하는 발전"으로 정의한 내용에 잘 나타나 있다(WCED, 2005). '세대 간 형평성'은 미래 세대의 인권 존중과 현재 세대가 미래 세대에 대해 책임 있는 역할을 해야 한다는 의미를 포함한다(이선경 외, 2005). 따라서 세대 간 형평성은 지속가능발전에서 추구하는 지속가능성을 규정하는 핵심 가치에 해당하며, 지속가능성을 파악하고, 분석·평가하는 기준 역할을 한다.

셋째, 글로컬 관점 지향이다. '글로컬 관점'은 지속가능한 발전의 현장성을 강조한다. 지구 사회의 인구 문제, 위생 문제, 생태계 문제, 자연재해 문제 등은 로컬에 따라서 다른 인식의 대상이면서 글로벌 사회와 밀접한 연계성을 지닌다는 점을 강조한 것이다. 로컬적, 지역적, 국가적, 세계적 차원에서 상호 연계하여 지속가능발전이 논의되어야 하고, 지속가능성을 추구하는 데 고려되어야 하는 요소이다. 특히 세계화로 인해 지역 간 교류가 활발해지면서 지구 사회에서 발생하는 문제들은 로컬적, 지역적, 국가적, 그리고 지구적 차원에서 그 이음매를 찾을 수 없을 정도로 완벽한 하나의 연결망을 형성하고 있어서(WCED, 2005) 지구 사회의 생태계는 더 이상 국경을 경계로 제한되지 않는다. 예를 들어 오염된 물이나 공기, 생물 환경 등은 국경 너머에까지 영향을 미친다는 사실이다. 또한 로컬의 문제를 이해하고 이에 대한 해결책을 강구하는 것은 궁극적으로 전 지구적 차원의 지속가능발전을 추동할 수 있다. 또한 교육의 목적은 자신의 삶과 생각의 지평을 확장하고 제한된 경험을 넘어설 수 있도록 자신이 태어난 환경에 속박되지 않도록 해 주어야 한다(스탠디시, 2020)는 학습자를 위한 교육을 위해서도 필요한 부분이다.

이러한 원리는 지속가능발전교육의 목표, 내용, 방법, 평가에 반영되어 구체화되어야 한다. 즉, 지속가능성과 연관되어 있는가? 세대 간 형평성을 고려하고 있는가? 사회문화, 환경, 경제적인 면을 연관성 있게 고려하는가? 로컬, 지역, 국가, 세계적 차원의 연계성을 고려하는가? 현재와 미래의 영향 관계를 고려하는가? 등이다.

2) 지속가능발전교육 교수·학습 방법

교수·학습 방법은 학습주제와 학습목표에 기반하여 학습자가 학습목표에 도달하도록 하기 위해 교수자가 제공하는 일련의 학습자 활동이다. 그래서 지속가능발전교육 교수·학습 방법은 지속가능발전교육의 내용을 목표로 연결하기 위한 구체적 전략이라고 할 수 있다. 지속가능발전교육은 사회문화, 환경, 경제 영역 간의 통합적 접근, 지속가능발전을 위한 문제인식 및 문제해결, 실천적인 자질 함양 등의 특성을 포함하고 있어서 효과적 교육을 위해서는 다양한 교수·학습 방법의 활용이 요구된다(Berglund & Gericke, 2016). 교수·학습 전략으로 개념학습, 문제해결학습, 의사결정 학습, 탐구 학습 모형과 세부적인 학습 활동으로 시뮬레이션, 스토리, 토의·토론, 예술 작품 활용 방법 등이 활용될 수 있다.

개념학습은 지속가능발전 관련 내용에 대한 지식 획득에 유용하다. 지속가능발전교육에 포함된 사회문화, 환경, 경제 영역의 내용 지식을 습득하는 것은 지속가능성의 원칙에 기반해 무엇이 문제이고, 얼마나 심각한지, 해결 방안은 무엇인지 등 이후의 문제해결을 추동하는 데 우선적으로 요구되는 학습 부분이다. 지속가능발전교육에 포함된 사회문화 영역, 환경 영역, 경제 영역의 세부 내용 지식 습득 및 상호 관계 파악 등이 개념학습을 통해 효과적으로 이루어질 수 있다.

문제해결학습은 지속가능발전의 측면에서 제기된 문제의 상황과 문제의 원인을 파악하고 문제해결 과정에 참여하게 하여 학습자가 주도적으로 문제해결 방안을 찾고 이를 생활 속에서 실천할 수 있는 내적 동기와 현실적 실천으로 연결시키는 데 유효하다. 또한 향후 사회에서 발생하게 될 문제들을 주도적으로 인식하고, 문제의 상황과 원인을 파악하여 문제를 해결해 가려는 의지를 지닌 지속가능발전을 실천할 수 있는 시민성 함양 측면에서 적정한 교수·학습 방법이라고 할 수 있다. 이는 지속가능발전을 위해 개선이 필요한 문제들을 파악하고 이를 개선하기 위한 방안을 찾는 데 효과적으로 활용될 수 있다.

의사결정학습은 지속가능발전의 규범 안에서 바람직한 대안을 찾는 데 유용하게 활용될 수 있다. 지속가능발전을 위해서는 현 상황을 비판적으로 살펴보고, 지속가능성을 위한 발전의 방향을 찾아가야 한다. 이 과정에서 학습자의 합리적인 의사결정 능력이 요구된다. 합리적인 의사결정능력은 현재뿐 아니라 향후 시민으로 생활하기 위해 지속적으로 요구되는 능력으로, 글로벌 시민성의 핵심 자질에 해당된다.

탐구학습은 근거에 기반해 결과를 살펴보는 인지 활동을 적극 활용하는 학습 방식이다. 지속가능발전교육에서는 사회문화, 환경, 경제 측면의 사회 현상과 문제 등을 심층 분석하고 파악하며, 이에 기반하여 지속가능성을 추구하는 데 필요한 일반화 지식을 도출할 수 있다. 이러한 탐구 기반 학습에 의해 도출된 일반화 지식은 현장에 적용할 때 또는 현장 적용에서 타당성을 지닐 것이며, 학습자가 갖게 된 탐구 능력은 이후 생활에서 지속가능성을 향한 지속가능발전 방안을 찾고 실천하는 데 유익성을 줄 것이다.

이러한 지속가능발전교육 교수·학습의 전략적 방법의 효과적 적용을 위해 세부적인 학생 활동으로 시뮬레이션, 스토리, 토의·토론을 적용해 볼 수 있다. 교수학습 활동 방법에서 시뮬레이션, 스토리, 토의·토론 활동은 개념학습, 문제해결학습, 의사결정학습, 탐구학습의 효과를 극대화하는 방법이다. 시뮬레이션 방법은 현실 상황을 단순화하여 현실의 맥락에서 이슈 및 문제를 분석하고 가상의 미래를 상상해 볼 수 있게 해 주는 교수·학습 방법이다. 학생들은 시뮬레이션 활동에 참여하여 실제 로컬 현장의 상황과 문제를 파악하고, 이에 대한 적절한 해결 방법을 찾아 적용한 후 나타날 수 있는 가상의 미래를 추측해 볼 수 있다. 복잡한 현실 상황을 단순화하는 동시에 실제 상황을 가져온 것이므로 실제와 같은 현장감과 적정 해결 방안 적용에 따른 문제해결 결과를 가늠해 볼 수 있고, 이에 따른 높은 수준의 사고 활동을 경험하게 한다는 장점이 있다. 이는 특히 추상적이고 복잡한 현실 상황을 파악하는 데 어려움을 겪고 있는 초등학생들에게 적용하면 효과를 기대할 수 있다.

토의·토론 활동은 주체적인 사고력 함양을 지원할 수 있다. 토의·토론을 위해 관련된 지식을 습득하고, 다양한 의견을 접하면서 폭넓고 다양한 경험들을 획득하여 다양한 관점적 가치와 태도를 기를 수 있다. 이는 소통 능력과 바람직한 의사결정 능력을 기르는 데 영향을 미칠 뿐 아니라, 자신의 권리와 책무를 성찰하고 적극적으로 실천하는 글로벌 시민성 함양에도 필수적인 활동요소이다.

스토리 활용은 지속가능발전의 사례를 전달하고 설명하는 데 효과적으로 활용된다. 시사 자

료, 역사, 문학, 드라마, 개인적 경험 등 다양한 스토리를 활용하여 지속가능발전의 사례와 지속
가능성의 가치, 실천 방법을 학습할 수 있게 한다. 특히 과거와 현재의 전통적인 가치와 지혜를
전달한다는 면에서 지속가능발전교육의 교수·학습 활동 방법으로 적합성을 지니며, 특히 초등
학생에게 다소 어려울 수 있는 지속가능발전의 개념과 가치, 실천 방법 등을 보다 쉽고 흥미롭
게 전달할 수 있다는 면에서 유익하다.

　예술작품 기반 교육은 하나의 작품이 학생 학습을 지원하는 데 필요한 다른 여러 주제들을 통
합하고 있다는 면에서 교수·학습 방법으로 변혁적 학습에 적합하다(Walshe & Price, 2020). 이는
학생들이 비판적 사고를 할 수 있게 할 뿐만 아니라 정서적 감수성을 지원하기도 한다. 특히 지
속가능발전과 관련해서 보면, 초등학생들에게 환경친화적 감수성 형성, 지속가능성에 대한 인
식과 관련 지식 그리고 궁극적으로 지속가능성 실천을 지원한다.

3) 지속가능발전교육 학습 유형

　유네스코 21세기교육위원회에서는 21세기 학습 유형으로 기존의 알기 위한 학습, 행하기 위
한 학습, 존재하기 위한 학습의 세 가지를 넘어서서 상생의 학습을 추가하여 네 가지 유형의 학
습을 제시한 바 있다(UNESCO, 1996; 강순원 외, 2019). 이후 유네스코에서는 지속가능발전교육을 위
해 앞의 네 가지 학습 유형에 '개인과 사회의 변화를 위한 학습'을 추가하였다(유네스코한국위원회,
2013). 이는 지속가능발전교육이 갖고 있는 지구 사회의 지속가능성을 구현하기 위한 실천적 역
량을 위한 특별 과제를 다루기 위해 추가된 것이다. 이러한 다섯 개의 학습 유형은 전통적 교육
에서 중요시되었던 지식 중심적인 교육이 21세기 사회에서 글로벌 시민으로 역할을 수행할 수
있는 인재 양성에 적합하지 않다고 본 것이다. 날로 변화하고 복잡해지고 상호의존적이 되어 가
는 세계에서 그 역할을 수행하기 위해서는 이에 맞는 학습 유형으로의 전환이 요구된다는 것
이다.

　알기 위한 학습(learning to know)은 지속적 배움의 동기를 촉발하는 지적 호기심을 불러일으키
고, 이에 기반해 생활에 필요한 지식을 획득하고 평생 배움을 실천하면서 글로벌 사회와 지속가
능성을 이해하고 관련 쟁점들을 파악하는 것이다. 생활에서 지식과 기술의 사용 능력은 중요한
것이며 소홀히 취급되어서는 안 된다. 행하기 위한 학습(learning to do)은 사회 변화에 창조적으

로 대응할 수 있게 한다. 배운 바를 실천할 수 있고, 직업인으로서 역할을 할 수 있도록 준비하는 것이다. 여기에는 지식과 방법의 활용뿐 아니라 개인 간의 관계 형성 능력, 소통 능력, 의사결정 능력, 협업 능력 등이 포함된다. 2015개정교육과정에서 제시한 '역량'과 관련성을 지닌다 하겠다. 존재하기 위한 학습(learning to be)은 인간이 자신의 개성을 계발하고, 개인적 책무성을 가지고 행동하는 능력을 기르는 학습이며, 신체적·정서적·사회적으로 온전함을 갖춘 전인적 인간으로 성장할 수 있는 잠재 능력을 키워가는 것이다(강순원 외, 2019). 모든 인간은 궁극적으로 독립적인 개체로서 주체적 사고력과 합리적인 의사결정력을 갖추고 있어야 한다. 그리고 이를 위해 학습자의 학습이 요구된다. 더불어 살아가기 위한 학습(Learning to live together)은 세계화에 따른 생활 무대의 확대와 타인과의 상호의존적 관계가 형성됨에 따라 타인, 타문화에 대한 이해와 인식을 계발하고, 타인 그리고 환경과의 조화로운 삶을 살아갈 수 있는 태도와 가치를 만들어 가는 것이다. 개인과 사회의 변화를 위한 학습(Learning to transform oneself and society)은 지구 사회의 지속가능성을 구현하는 데 필요한 개인의 자질 함양 과정이다. 지속가능성을 파악하고 관련된 지식과 기능, 그리고 가치와 태도를 갖추어 지속가능한 사회를 만드는 데 일정한 역할을 할 수 있게 준비하는 학습이다.

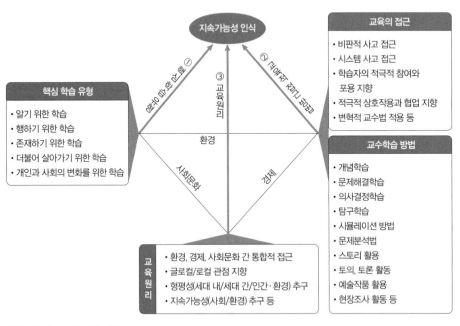

지속가능발전교육 수업 전략

지속가능발전교육, 어떻게 할까?

지속가능발전은 자연과 공존하면서 인구증가, 경제성장 과정에서 발생하는 지구적 문제를 해결하여 필요와 편의를 충족하면서도 환경적 지속가능성, 사회적 포용성과 공정성 그리고 경제적 지속가능성을 추구하고자 하는 우리 사회의 노력이다. 이러한 사회적 노력에서 교육의 역할과 그 결과로 얻을 수 있는 효과는 그 무엇보다도 큰 기대를 갖게 한다. 우리 교육과정에서는 2007개정교육과정에서부터 지속가능발전교육을 범교과학습에 포함하여 학교 교육에서 행하고 있다. 그리고 2022개정교육과정 총론(시안)에서는 모든 학교 교육에 생태전환교육, 생태시민성교육을 포함하는 계획을 제시하고 있다.

지속가능발전교육이 학교 교육에 자연스럽게 스며들기 위해서는 교과 교육과정과 지속가능발전교육을 연결하는 것이 가장 효과적이다(김현덕·한대동, 2016; 조혜연·이상원, 2013; 김다원, 2020). 지속가능발전교육은 시민의식 함양에 교육의 목적을 두고 있으며, 이 목적은 하나의 교과에 의해서보다는 여러 교과들의 다중 관점이 포함되고, 교과 간 협업에 의한 주제 중심 접근이 더 적합하기 때문이다.

오늘날 학생들은 글로벌 사회에서 살아가고 있고, 살아갈 것이다. 기후변화에 따른 여러 가지 환경재해에 대응하여 관련 문제를 해결해야 할 과제를 안고 있다. 이는 학교 교육에서 지속가능성 인식을 위한 교육을 통해 학생들이 환경적 책임감을 지닌 로컬 시민성과 더불어 글로벌 시민성을 갖추게 해야함을 설명해 주는 이유이다. 앞에서 설명한 지속가능발전교육의 이론과 다음의 제2장과 제3장에서 제시하는 학교 전체 교육에서 그리고 교실 수업에서 실천했던 지속가능발전교육 사례들은 학교에서 지속가능발전교육을 지원할 것이다.

제2장 지속가능발전교육 실천 사례: 학교 차원

유네스코에서는 지속가능발전교육을 통해 개인이 지역적 및 지구적 관점에서 현재와 미래의 사회적·문화적·경제적·환경적 영향을 고려해 자신의 행동을 성찰하는 역량을 강조한다. 그래서 기후환경·지속가능발전교육 수업은 일반 교과와는 달리 우리 생활과 관련된 사회문화적 영역뿐만 아니라 인간과 환경 등 현상을 중심으로 관련성을 파악하고 사고할 수 있도록 융합적 관점에서 이루어져야 한다. 최근에 기후환경·지속가능발전교육이 교과 융합적 관점에서 시도되고 있지만 여전히 과학과나 사회과 등 단일 교과 영역에만 속한다는 생각이 강하며, 일상생활의 모든 현상들이 상호 연계되어 나타남에도 불구하고 학생의 실생활과 거리가 먼 이론 중심 수업이 학교 내에서만 한정되어 이루어지고 있다는 반성이 존재한다.

학생들의 실제 생활이 이루어지는 곳은 학교를 벗어난 사회이며, 학생들이 사회 변화를 이끌어가는 주체여야 한다. 따라서 다양한 현상이 복잡하게 얽혀 나타나는 기후변화나 지속가능발전교육의 실천적 장소는 지역사회여야 하며, 학교교육뿐만 아니라 능동적 행위의 주체자로서 학생들이 성장할 수 있도록 사회교육 측면에서 지역사회 연계 교육이 매우 중요하다.

따라서 이 장에서는 학교에서 이루어지고 있는 '녹색커튼 프로젝트'를 통한 기후환경·지속가능발전교육 실천사례를 통해 교과와 창의적 체험활동의 교육과정 융합적 측면, 학교교육과 사회교육의 연계 방안 등을 소개하고자 한다. 그 과정을 요약하면 다음과 같다.

① 준비

교사 연수 및 교육과정 재구성

환경 구성

② 수업 및 활동

식물 심기

관찰 및 가꾸기

수업하기

수업 결과 1

도심속 열섬 현상 해결 방법

ㆍ과정결과   ㆍ온도 ↓ 방법

① 시원한 공기를 배출하는 나무ㆍ식물을
   많이 심는다.

② 학교나 건물을 바람이 잘부는
   (여름 - 시원, 겨울 - 따뜻) 쪽으로 설계한다

③ 건물을 저층으로 짓는다

수업 결과 2

-녹색마트-

적두콩을 수확후 어떻게 할까?
위원 대니 몇개 삽운호
남은 적두콩을 팔아 기부를 하거나

남은 적두콩을 어린께 내어 드린다.

또 있다면
적두콩을 팔아서 학교 사물여나 급식을 보완한다

수업 결과 3

③ 정리 및 평가

활동 결과 홍보

수익금 기부

학교 교육과 사회 교육의 연계 과정

1. 기후환경 · 지속가능발전교육을 위한 준비 단계

1) 기후환경 · 지속가능발전교육 교직원 역량 강화를 위한 연수

학교 교육과정에 기후환경 · 지속가능발전교육이 도입되었지만, 이 영역의 수업은 일반 교과 수업과 달리 특정 수업 모형이나 방법이 있는 것이 아니다. 기후환경 · 지속가능발전교육 수업은 우리 일상과 관련된 실천 지향적 수업이라는 특징이 있다. 그래서 수업 내용과 방법이 명확하게 제시된 일반 교과 수업에 익숙한 교사들이 쉽게 받아들이기 어려운 측면이 있다. 따라서 학교 기후환경 · 지속가능발전교육 수업을 위해서는 기후환경뿐만 아니라 지속가능발전교육(17SDGs)과 지속가능발전교육에 대한 기본 철학 및 개념 이해와 함께 실천 사례를 많이 접해 보는 것이 매우 중요하다. 따라서 교사 연수를 계획할 때는 기후환경 · 지속가능발전교육과 관련된 전문가 및 실천 교사를 초빙한 연수를 통해 교사들의 수업에 대한 이해를 높이도록 해야 한다. 또한 기후환경 · 지속가능발전교육의 내용이나 방법이 일반 교과보다 광범위하고 다양하기 때문에 같은 주제에 대한 수업일지라도 교사나 학교 특성에 따라 달라질 수밖에 없다. 그래서 지역별로 교원연구회를 조직하여 교육 내용이나 수업 방법에 대한 공유를 통해 교사 역량을 강화할 수 있도록 한다.

> **Tip**
> 이때 기후환경 · 지속가능발전교육 수업 내용은 일반 교과 교육과정뿐만 아니라 창의적 체험활동 영역까지 포함하는 학교 교육과정 전반에서 이루어질 수 있으며, 교과 수업 내용을 융합하여 활동이나 실천 중심 수업이 매우 중요하다는 것을 인식하도록 강조되어야 한다.

교실에서 실천 사례 연수

지속가능발전교육 교원연구회 활동

지속가능발전교육, 어떻게 할까?

2) 학교 실태 분석

 학교는 지역사회의 중심이자 축소판이라 할 수 있다. 따라서 일상생활에서의 실천적 활동이 중요한 기후환경·지속가능발전 교육에서는 학교와 지역사회에 대한 실태 분석이 잘 이루어져야 한다. 같은 학교급이라 할지라도 학교가 위치한 지역에 따라 학생, 학부모, 환경 등에 많은 차이가 있다. 도시지역과 농촌지역은 물론이거니와 도시지역에서도 도심과 변두리, 상업지역과 주거지역 등에 따라 특성이 다르며, 농촌지역에서도 바다와 산지 등 자연환경에 따라서도 다르게 나타난다. 앞서 이야기한 것처럼 기후환경·지속가능발전교육은 나타난 현상과 그와 관련된 다른 현상과의 관련성을 파악하는 문제해결력에 중점을 두고 있다. 따라서 학생들의 관심 분야뿐만 아니라 교육의 주제를 선정하기 위해서도 실태 분석이 우선되어야 한다.

> **사례 1** 도서 지역: 전라남도 신안군 압해동초등학교
>
> 전라남도 신안군에 있는 압해동초등학교의 수학여행 사례가 지역 특성과 학생들의 관심 분야를 반영한 지속가능발전교육의 좋은 예이다. 전국적으로 유명한 신안 갯벌낙지의 생산과 유통과정을 밟아 보는 여행에서 바다와 갯벌 등 환경 보전의 중요성 및 공정무역과 탄소발자국 등을 인식할 수 있는 수학여행이 실시되었다.

> **사례 2** 도심 지역: 광주광역시 수완초등학교
>
> 광주광역시의 도심에 위치한 수완초등학교는 녹색커튼 프로젝트를 운영하였는데, 녹색커튼과 관련된 지구온난화를 중심으로 도심의 열섬현상, 로컬푸드, 환경과 인권 등을 주제로 수업이 이루어졌다.

다음은 기후환경·지속가능발전교육을 위한 수완초등학교의 실태 분석을 예로 제시한 것이다.

전략 도출

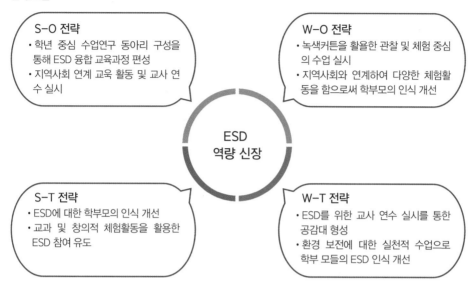

S-O 전략
- 학년 중심 수업연구 동아리 구성을 통해 ESD 융합 교육과정 편성
- 지역사회 연계 교육 활동 및 교사 연수 실시

W-O 전략
- 녹색커튼을 활용한 관찰 및 체험 중심의 수업 실시
- 지역사회와 연계하여 다양한 체험활동을 함으로써 학부모의 인식 개선

ESD 역량 신장

S-T 전략
- ESD에 대한 학부모의 인식 개선
- 교과 및 창의적 체험활동을 활용한 ESD 참여 유도

W-T 전략
- ESD를 위한 교사 연수 실시를 통한 공감대 형성
- 환경 보전에 대한 실천적 수업으로 학부 모들의 ESD 인식 개선

SWOT 분석

	강점(Strength)	약점(Weakness)
내부 역량	• 새로운 수업 적용 및 핵심역량 신장을 위해 교육과정 운영에 열의가 높은 교사 분위기 • 민주적인 학교 경영으로 학교 생활 만족도가 높은 학생, 학부모, 교사 • 지역사회 연계된 ESD 교육활동 경험 축적 • 밝고 명랑하며, 긍정적이고 적극적인 학생 • 학생 활동에 관심이 많은 학부모	• 과대(52학급) 및 과밀(학급 평균 35명) 학급으로, 여유 공간이 없어 녹지가 절대적으로 부족함. • 과학실, 음악실 등 특별실 학습 공간 부족으로 인해 체험 중심의 다양한 수업이 어려움. • 학부모의 관심이 학력 및 지필 평가 결과 등의 눈에 보이는 활동에 집중되어 있음.
	기회(Opportunity)	위협(Threat)
외부 환경	• 52학급이라는 과대 학급 상황에서 비롯한 학년 중심 운영체제 구축 • 지역사회 지속가능발전협의회 등 네트워크 확립	• 지속가능발전에 대한 인식 및 체계성 부족 • 사교육에 의존하고 인지적 영역에만 치우쳐 있으며, 미래 핵심 역량에 대한 학부모 인식 부족

지속가능발전교육을 위한 광주광역시 수완초등학교 실태 분석 사례

지속가능발전교육, 어떻게 할까?

3) 지역사회 네트워크 구축

    기후환경·지속가능발전교육은 학교 교육뿐만 아니라 학부모 및 지역사회와의 연계가 매우 중요하다. 왜냐하면 기후환경·지속가능발전교육 수업은 학습이 곧 실천이어야 하며, 학습한 내용을 실천할 장소가 가정과 사회이기 때문이다. 또한 각 지역에는 환경·생태 보호 및 인권, 사회적 경제 등과 관련된 많은 시민단체들이 있으며, 각 시민단체들은 실질적 체험 중심의 노하우를 많이 축적하고 있다. 이러한 시민단체와 연계될 때 학교에서 기후환경·지속가능발전교육은 더 심화 발전될 수 있다.

> **Tip**
>
> 일반 학교에서 그 지역의 시민단체를 파악하는 것이 쉬운 일은 아니다. 그런데 우리나라 각 시도는 물론 시군까지도 시민단체 거버넌스 조직인 지속가능발전협의회가 있으므로 이를 이용하면 학교에서 필요한 시민단체와 네트워크 구축을 수월하게 할 수 있다. 다행히 최근에는 시민단체에서도 사회교육의 한계를 인식하고 평생교육의 측면에서 학교교육 참여에 대한 관심이 매우 높아지고 있다. 그리고 시민단체들은 지속가능발전교육의 세 영역인 환경, 사회, 경제 관점 중 한 영역을 중점적으로 연구하고 실천하는 곳들이 많으므로 교과 교육에서 직접적으로 학습하기 어려운 내용을 연계하여 실천 중심의 체험학습을 지원받을 수 있다.

업무협약식(네트워크 구축) 모습

2. 기후환경·지속가능발전교육 실행 단계

1) 기후환경·지속가능발전교육을 위한 주제 설정

효과적인 기후환경·지속가능발전교육이 이루어지기 위해서는 앞에서 언급한 학교 특성을 반영한 주제 설정이 매우 중요하다. 이때 단일 교과나 단순한 연관성을 가진 주제보다는 현상들이 복합적으로 연관되어 있어 여러 교과에서 융합적으로 다룰 수 있는 주제가 효과적이다.

> **지구 온도 1℃ 낮추기 '녹색커튼'**
>
> '녹색커튼' 프로젝트는 도심지의 열섬현상과 관련성이 매우 높은 주제이다. 도심지 열섬현상은 그 원인과 해결 방법이 다양할 뿐만 아니라, 식물의 한살이와 재배라는 과학 교과 및 실과 교과와 직접적으로 연계된다. 그리고 기후 위기는 우리 생활과 밀접한 영향을 주고 받으며, 조금 범위를 넓히면 인권이나 빈곤에까지 영향을 미치기 때문에 '녹색커튼 프로젝트'는 사회 교과나 도덕 교과 등 여러 교과에서 융합적으로 접근할 수 있는 주제이다.

2) 교육과정 재구성

기후환경·지속가능발전교육은 국가 수준 교육 과정 총론에 제시되고 있을 뿐 이를 실천할 세부 교육과정이 부재하다. 따라서 학교에서의 기후환경·지속가능발전교육 수업은 교사의 관심 정도에 따라 이루어지거나 단일 주제의 1회성 수업으로 끝나 지속적인 관심이나 실천이 잘 이루어지지 않고 있다. 따라서 기후환경·지속가능발전교육의 중요한 관점인 실천 중심의 수업을 위한 계획을 위해서는 주제와 관련된 교육과정 분석이 선행되어야 한다. 주제에 대한 수업을 위해 관련된 교과와 내용이 무엇이며, 학교에서 이루어지고 있는 창의적 체험활동의 어떤 분야와 관련이 있는지 살펴보고 재구성해야 한다. 그리고 각 학년 또는 학급별로 중심 활동을 정한 후 수업이 진행되어야 한다. 다음 표는 녹색커튼 프로젝트를 위한 교육과정 분석의 예이다.

지속가능발전교육, 어떻게 할까?

녹색커튼 프로젝트를 위한 교육과정 분석의 예

학년	교과	단원	지속가능발전교육 연계 내용
1학년	통합	봄	• 씨앗이 자라는 과정을 관찰하기 • 씨앗이 자라는 과정을 그림으로 기록하기 • 식물이 자라기 위해 필요한 것 알아보기
2학년	통합	여름	• 나뭇잎 관찰하기 • 씨앗 관찰하기
		가을	• 주렁주렁 가을 열매
3학년	국어 미술 과학	1. 재미가 톡톡 2. 나는 캐릭터 디자이너 3. 지표의 변화	• 느낌을 살려 시 낭송하기(작두콩 시 짓기) • 캐릭터 디자인하기(작두콩 캐릭터 만들기) • 운동장 흙과 화단 흙(생명을 품은 흙)
4학년	사회	4-1-3. 지역의 공공기관과 주민 참여	• 우리 지역의 문제 알아보기
	과학	4-1-3. 식물의 한살이 4-2-1. 식물의 생활	• 식물이 자라는 과정 상상하기 • 식물이 자라는 데 필요한 조건 알아보기 • 꽃과 열매의 변화 관찰하기 • 우리 생활에서 식물의 특징 활용하기
5학년	미술	5-1-1. 생활 속 미술의 발견	• 나뭇잎을 다양한 방법으로 관찰, 표현하기
	과학	5-1-1. 온도와 열 5-1-3. 식물의 구조와 기능	• 우리 주위의 여러 가지 물질과 여러 장소의 온도 • 식물은 어떤 구조로 이루어져 있는가 • 뿌리, 줄기, 잎, 꽃의 생김새와 하는 일
	실과	5-1-2. 생활 속의 동식물	• 친환경 농축산물의 생산과 이용(로컬푸드)
	도덕	8. 우리 모두를 위하여	• 함께하는 마음, 나누는 기쁨(공정무역)
6학년	실과	2. 생활 속의 식물 가꾸기	• 텃밭에 식물을 심고 가꾸기, 수확하기

Tip

기후환경·지속가능발전교육을 위한 주제를 설정했더라도 학년별 학생 발달 수준이 다르기 때문에 모든 학년에서 동일한 수업을 할 수 없다. 따라서 교육과정 재구성을 할 때 각 학년 수준에 맞는 소주제를 정해 실천하는 것이 중요하다. 예를 들어 녹색커튼 프로젝트를 위해 1~2학년에서는 통합교과와 관련하여 '환경에 대한 민감성 기르기', 3~4학년의 경우에는 과학과를 중심으로 '식물의 한살이와 소중한 흙', 5~6학년은 과학과 또는 실과 및 도덕과를 연계하여 '녹색커튼, 빗물, 로컬푸드, 환경과 인권, 공정무역' 등을 수업 주제로 정할 수 있다.

① 1~2학년: 환경에 대한 민감성 기르기

목표	• 학교 주변의 식물을 관찰하고 자연환경에 대한 민감성을 갖기
교과 및 내용	• 통합: 봄 – 씨앗이 자라는 과정을 관찰하기, 식물이 자라기 위해 필요한 것 알아보기 • 통합: 여름 – 나뭇잎 및 씨앗 관찰하기 • 통합: 가을 – 주렁주렁 가을 열매

결과	• 학생 스스로 관찰하고 생각한 결과를 창의적으로 표현하였다. • 생물은 주변의 생물, 물, 흙 등 여러 가지와 관련되어 있음을 인식하였다.

지속가능발전교육, 어떻게 할까?

② 3~4학년: 식물의 한살이와 소중한 흙

목표	• 녹색커튼 관찰을 통해 식물의 한살이 과정 알기
	• 식물이 자라는 데 필요한 요소를 알고 창의적으로 표현하기

교과 및 내용	• 과학 3-2-3. 지표의 변화
	• 과학 4-1-3. 식물의 한살이
	• 미술 4미01-01. 자연물과 인공물을 탐색하는 데 다양한 감각을 활용하기

측정 날짜	2018년 (7)월 (13)일 (금)요일			측정 장소	학교		
측정 결과	장소	교실 안			교실 밖		
	요소	온도 (℃)	습도 (%)	밝기 (Lux)	온도 (℃)	습도 (%)	밝기 (Lux)
	아침	24	48	78	29	50	3,000
	낮	25	52	80	35	54	4,000
	오후	25	54	54	36	56	4010

♣ 식물의 자람을 관찰하여 봅시다.
▶관찰 결과를 그림이나 설명으로 나타내어 봅시다.

▶관찰하면서 알게 된 점이나 느낀 점을 적어봅시다.

♣ 지속발전가능한 지구광주와 환경을 위해 실천한 일이나 다짐을 적어봅시다.

관찰 및 관찰 기록

여러 장소의 흙을 이용하여 그림 그리기

결과	• 식물의 한살이를 관찰하면서 기후변화와 관련된 생활을 다짐하였다.
	• 체험 중심의 수업이지만 다양한 종류의 흙을 알 수 있었다.

③ 5~6학년: 녹색커튼과 빗물, 그리고 로컬푸드

목표	• 물과 빗물의 소중함 알기 • 로컬푸드와 기후변화와의 관계 알기
교과 및 내용	• 과학 5-1-4. 용해와 용액 • 실과 5-1-2. 생활 속의 동식물

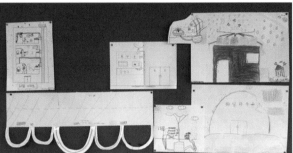

빗물도시 꾸미기

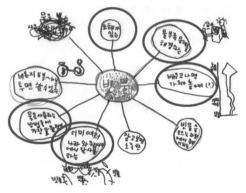

빗물 수업 전후 학생들의 인식 변화 결과 1   빗물 수업 전후 학생들의 인식 변화 결과 2

상자텃밭을 활용한 로컬푸드 교육: 쌈추쌈

3) 수업 실행

(1) 교과 교육과정에서의 수업

　주제와 관련된 교육과정 분석이 끝나면 실제 수업이 이루어지게 된다. 이때 학교 전체 주제와 목표를 달성하기 위해 학년별 교육과정이 재구성되어야 하고, 이후 각 학년별 수업 결과를 어떤 방법으로 종합할 것인지에 대한 계획도 수립되어야 일관성 있는 실천 중심의 수업이 이루어질 수 있다.

> **Tip**
>
> 학교에서의 기후환경·지속가능발전교육 수업의 특징 중 하나는 변화 가능성이다. 우리 주변의 환경이 수시로 변하듯 학생의 관심이나 흥미는 지속적으로 변하게 되어 있으며, 수업 내용 자체가 생활과 밀접한 관련이 있기 때문에 학년 또는 학기 초에 계획된 수업일지라도 학생들의 요구를 반영하여 즉시 수정이 가능할 수 있어야 한다. 즉 만들어진 교육과정이나 수업이 아닌 만들어 가는 교육과정이나 수업이 되어야 한다. 그리고 수업하는 교사에 따라서도 달라질 수 있기 때문에 수업을 공유하고 토의하는 학교 문화를 형성할 필요가 있다. 최근 전문적인 학습 공동체나 교원 연구 동아리가 학년이나 관심 영역 중심으로 구성되고 운영되고 있는 점은 매우 바람직하다.

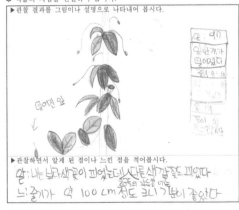

4학년 과학과 '식물의 한살이' 연계

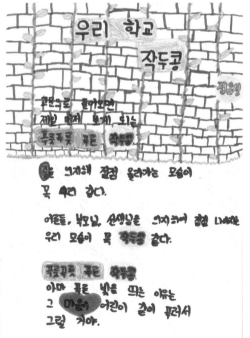

5학년 국어과 '시화' 연계

도 심속 열섬현상 해결

-학교 -학생(많은 곳)

- 온도 낮추는 방법

- 창문을 열어 환기를 시킨다

- 학교 주변에 나무를 심는다

- 운동장에 물을 뿌려 온도가 내려가게 한다.

6학년 사회과 '환경과 조화를 이루는 국토' 연계

(2) 창의적 체험활동 영역에서의 수업

　학교 교육과정은 교과와 창의적 체험활동으로 구별된다. 일반적으로 교과 교육과정은 각 교과에서 도달해야 할 내용과 성취 수준, 시간 배당 기준 때문에 학교 특성을 반영하여 자율적으로 운영하기에는 제한이 있다. 하지만 창의적 체험활동은 관련 영역만 제시되어 있기 때문에 시간 배당이나 내용 구성면에서 학교의 자율성이 매우 높은 편이다. 그리고 창의적 체험활동의 네 개 영역은 교과와 연계하거나 학교 행사 등과 연계하면 특색 있는 교육활동을 꾸준히 실천할 수 있는 장점이 있다.

　일반적인 학교 행사를 살펴보면 전통적으로 실시해 왔던 운동회와 현장체험학습 이외에 각 시기별로 1학기에는 과학 행사, 2학기에는 학교 축제 또는 학예회 등이 있다. 물론 이런 행사들

-녹색카트-

작두콩을 수확후 어떻게 할까?
위원 대표 몇재 십은후
남은 작두콩을 팔아서 기부를 하거나

남은 작두콩을 어르신께 나누어 드린다.

또 있다면
작두콩을 팔아서　학교 시설이나 급식을 보완한다

창의적 체험활동의 '자치활동' 연계

은 학교의 상황과 시대에 따라 많이 변화되어 왔지만 여전히 전통적으로 과학 행사 때는 로켓을 날리거나 상상화 그리기 또는 글짓기 등 대회 중심으로, 학교 축제 때는 공연이나 전시 같은 예술 영역으로 이루어지는 경우가 많다.

그렇다면 이러한 전통적 교내 행사를 기후환경·지속가능발전교육 영역으로 바꿀 수는 없을까? 매년 학교에서 이루어지는 교육과정 운영에 대한 학생이나 학부모의 만족도를 살펴보면 운동회나 현장체험학습에 대한 만족도가 과학 행사나 학교 축제 또는 학예회에 비해 높게 나타나는데 그 까닭은 학생들의 흥미도와 참여도 때문일 것이다. 그래서 과학 행사와 같은 교내 행사도 학생들의 생활과 밀접한 내용으로 구성되어야 한다.

다음은 교내 과학탐구대회 중 과학 토론 문제와 과학 상상화 그리기 대신 우리 학교 빗물저금통 설계하기를 실시한 결과이다.

> **Tip**
> 학교 대표를 선발하는 대회일지라도 적절한 주제를 제시한다면 충분히 학교 행사에서도 기후환경·지속가능발전교육을 효과적으로 실시할 수 있다. 즉 일반 수업뿐만 아니라 학교 행사도 학생들이 자신의 실생활과 관련된 문제를 인식하고 해결하는 문제해결력을 기르는 방향으로 이루어져야 한다.

빗물저금통 사례

빗물저금통 설치(마지초등학교)

(3) 시민단체 연계 기후환경·지속가능발전교육

최근 다양한 영역에서 시민단체의 학교 수업 참여가 증가하고 있다. 학교폭력예방이나 정보통신윤리교육과 같이 비교적 오래된 영역도 있으며 인권, 다문화, 금융교육, 환경 등 지속가능발전교육 영역의 비율도 점차 증가하고 있다. 시민단체는 오랜 기간 해당 분야를 연구를 해 왔기 때문에 시민 강사는 교사보다 깊이 있고 전문적인 내용을 수업할 수 있다는 장점이 있다. 그러나 이들 대부분은 그동안 일반 시민을 대상으로 수업을 진행했기 때문에 수업 내용이나 방법 면에서 학생들의 만족도가 낮다는 문제가 제기된다. 전문적인 내용을 학생들이 쉽고 재미있게 학습할 수 있도록 하려면 다음의 과정이 매우 중요하다.

① 수업 주제 선정
학년 초가 되면 여러 영역의 시민단체 참여수업에 대한 희망 조사가 이루어진다. 이때 우리 학교 또는 학급에 맞는 주제인지, 아니면 시민단체 참여수업 후 어떤 교육이 이루어질 것인지를 구상하고 신청이 이루어져야 한다.

② 사전 컨설팅
시민단체는 특성화된 프로그램이 있지만 일반 시민을 대상으로 한 것들이 많기 때문에 학생 수준에 맞도록 수업 내용과 방향에 대한 사전 컨설팅이 필요하다. 수업 내용과 방향이 정해진 다음에는 프로그램을 새롭게 개발하거나 수정해야 한다. 이때 수업의 전문가인 교사가 컨설팅에 참여해야 내실 있는 프로그램이 개발될 수 있다. 시민단체 강사는 교사에 비해 해당 영역에 대한 이해도가 높은 장점이 있는 반면, 수업 방법에서는 교사에 비해 부족할 수 밖에 없다. 너무 이론 중심으로 수업이 이루어진다든지 활동 중심으로 수업을 구성했더라도 시간에 쫓겨 활동만 하고 끝나는 경우가 많다. 따라서 시민단체 참여수업이 이루어지기 전 교사와 시민 강사의 사전 컨설팅이 매우 중요하다. 이때 내용 구성이나 수업 방법, 시간 배당 등은 교사가 사전에 확인하고 수정할 수 있도록 해야 한다.

③ 범죄경력 조회
「아동·청소년의 성보호에 관한 법률」 제57조와 「아동복지법」 제29조 4에 따라 수업에 참여하는 외부 인사는 반드시 범죄 경력을 조회해야 한다. 특히 교육청이나 시청 등 국가기관 이외의 기관이나 단체에 소속된 강사는 개인별 조회가 반드시 필요하며, 사전에 개인정보 및 행정정보 조회에 대한 동의서가 있어야 한다. 이때 행정정보 공동업무 포털(https://www.share.go.kr/)을 이용하면 편리하게 진행할 수 있다.

④ 수업 및 사후 컨설팅
학교나 학생의 특성이나 수준이 다르기 때문에 수업 계획과 실행 결과는 차이가 있을 수 있다. 따라서 시민 강사 수업 후에는 교사의 사후 컨설팅이 필요하며, 이를 통해 시민 강사의 수업 역량 신장은 물론 시민단체 교육 프로그램의 질을 향상시킬 수 있다.

지속가능발전교육, 어떻게 할까?

(4) 시민단체 연계 학교 축제

학교와 지역사회 연계 축제는 학생들이 지역사회에서 개최하는 축제에 체험자로 참여하거나 운영자로 참여할 수 있다. 이는 각 지역별 축제 종류나 시기가 다르기 때문에 사전에 알려진 정보에 따라 참여하도록 하며, 여기에서는 시민단체가 참여하는 학교 축제에 대해 안내하고자 한다. 광주광역시 수완초등학교는 2019년도부터 지구의 날 기념 환경·지속가능발전교육 축제를 운영하고 있다. 축제 구성은 환경과 지속가능발전교육의 전 영역에서 이루어지며, 참여를 원하는 시민단체 강사단이 부스를 운영하고, 학생들은 체험 형식으로 참여하게 된다.

시민단체 연계 학교 축제를 위해서는 우선 사용 가능한 예산을 확인해야 한다. 시민단체 강사단이 무료로 봉사하더라도 최소한의 필요한 경비와 재료비 등은 학교에서 제공해야 하기 때문이다.

시민단체 연계 학교 축제 모습

① 주제 선정

기후환경·지속가능발전교육 축제를 위해서는 중심 주제 설정이 필요하다. 지속가능발전교육의 여러 영역 중 어떤 분야를 중점적으로 교육할 것인지를 정해야 한다. 그래야만 다음 해 행사를 구성할 때 중복을 피할 수 있다.

② 시민단체 연계

학교 축제에 참여할 시민단체를 학교만의 힘으로 구하는 것은 매우 힘들다. 따라서 각 지역에 있는 지속가능발전협의회의 협조를 얻는다면 축제 주제와 관련된 시민단체를 보다 쉽게 연계할 수 있다.

③ 프로그램 점검 및 범죄 경력 조회

축제가 이루어지기 전 사전에 시민단체로부터 운영 프로그램에 대한 내용을 받고 점검해야 한다. 아무리 좋은 프로그램이더라도 학교와 학생 수준에 맞지 않는다면 교육 효과가 낮아질 수밖에 없을 것이기 때문이다. 이때에도 축제에 참여할 강사단의 명단과 개인정보 및 행정정보 조회에 대한 동의서를 받아 범죄 경력을 반드시 조회해야 한다.

④ 준비물 준비하기

일반적으로 기후환경·지속가능발전교육 축제는 활동이나 체험 위주로 이루어진다. 따라서 프로그램별 준비물을 사전에 신청받고 학교에 맞게 준비해야 한다.

⑤ 축제하기

축제의 특성상 활동이나 체험이 많기 때문에 안전에 유의해야 한다. 학교 규모에 따라 학년별 또는 학년군별 참여 시간을 다르게 하는 것도 운영 방법 중 하나이다.

⑥ 평가하기

축제에 대한 평가는 참여한 시민단체, 교사, 학생 등을 대상으로 하는 것이 바람직하다. 시민단체를 대상으로는 준비와 운영 측면에서의 좋은 점과 개선할 점, 교사를 대상으로는 안전과 프로그램 수준 등, 학생을 대상으로는 참여도와 흥미도를 평가할 수 있다. 평가 후 그 결과는 반드시 기록하여 다음 축제 때 참고하도록 한다.

지속가능발전교육, 어떻게 할까?

4) 기후환경·지속가능발전교육 활동의 정리 및 평가

(1) 활동 정리

"구슬이 서 말이라도 꿰어야 보배다"라는 속담이 있듯이 1년 동안 학습한 결과를 정리하는 활동이 매우 중요하다. 이때 지역사회 축제 운영자로 참여하거나 대부분 2학기에 열리는 학교 축제 또는 학예회에서 일반 시민이나 학부모를 대상으로 홍보하는 것도 매우 효과적이다. 광주광역시 수완초등학교는 녹색커튼 프로젝트 활동 결과로 수확된 농산물을 판매하여 그 수익금을 유네스코에 기부하기도 하였다. 즉 학습하고 끝나는 것이 아니라 기부를 통해 활동을 정리하고, 또 다른 학습으로 발전하는 수업의 선순환이 이루어질 수 있다.

유네스코 뉴스(2019)

(2) 평가

기후환경·지속가능발전교육 평가 방법은 학생들의 지속가능발전 역량 신장의 정도를 직접 측정하거나 학년 말에 이루어지는 교사, 학생, 학부모의 교육과정 만족도 조사 등 정량적인 방법과 그 과정을 기록하는 과정 중심 평가, 활동 후 소감을 묻는 정성적 평가 등 다양한 방법으로 이루어질 수 있다. 학생의 역량 신장을 알아보기 위한 정량적 평가는 사전에 연구된 지속가능발전교육의 교육 효과 측정 질문지 등을 활용할 수 있으며, 교육과정 만족도 조사는 학교의 특색 교육이나 기후환경·지속가능발전교육 항목을 설문으로 만들어 조사할 수 있다. 어떠한 평가 방법을 활용하더라도 그 결과를 통해 다음 교육 활동의 방향을 정하는 것이 매우 중요하다. 다음은 활동 후 소감을 기록하도록 한 정성평가의 한 예이다.

> **Tip**
>
> 기후환경·지속가능발전교육은 학생만 대상으로 하는 것이 아니라 학부모가 함께 참여하고 실천할 때 더 효과적이다. 따라서 교육 성과 발표나 평가를 위해 1년간의 활동 과정을 영상으로 제작하여 졸업식이나 종업식 등 학교 행사 때 홍보하는 것도 좋은 방법이다.

학생 활동 소감

학부모 소감

제3장 지속가능발전교육 실천 사례: 교실 수업

우리 인류에게 '지속가능한 발전'이라는 개념은 1972년 로마클럽의 「성장의 한계」 보고서에서 기존의 환경 오염론에서 나아가 자원 고갈에 따라 경제 성장 자체가 한계에 봉착할 수 있음을 경고하면서 처음 등장하였다. 1992년 리우데자네이루 유엔환경개발회의에서는 지속가능한 발전을 달성하기 위한 핵심 동력이 지속가능발전교육이라는 데 의견을 함께하였다. 이에 유네스코에서는 2005년에 지속가능발전교육 이행 10년(2005~2014년)을 선언하고 세계적으로 지속가능발전교육을 함께 실천하는 데 노력하였다.

이런 세계적인 흐름과 함께 우리 아이들의 현재와 미래의 삶이 지속가능한 것인가에 대한 본질적인 질문에 대한 답을 찾고자 많은 교사가 학교 현장에서 지속가능발전교육에 관심을 갖고 실천하고 있다. 그러나 지속가능발전교육를 직접 실천하려고 할 때는 어디서부터 어떻게 접근해야 하는지 매우 난감한 상황에 직면하기도 한다. 여러 가지 프로그램이나 모듈이 소개된 자료를 살펴보지만 실제 수업에서 구체적으로 어떻게 하는 것이 좋은지 먼저 시행착오를 겪은 교사들의 이야기를 듣고 싶은 마음이 커진다.

그래서 이번에는 학급에서 지속가능발전교육을 실천할 수 있는 모듈을 선정하고, 그 모듈의 수업안을 제시한 후 실천과정에서 나타나는 학생들의 반응과 결과물, 수업 아이디어를 구체적으로 소개하여 지속가능발전교육을 실천하려는 교사들에게 도움을 주고자 한다. 그리하여 이

장은 네 개의 모듈에 대한 개괄적인 소개, 모듈 선정 의도, 모듈 개요, 각 차시 수업안(이렇게 계획 했어요), 실천 과정과 결과(이렇게 진행했어요)로 구성하였다.

특히 '이렇게 진행했어요'에서는 실제 수업 실행 과정과 활동 결과물을 담아 현장감을 높였고, 수업에 활용했던 각종 자료와 활동 안내, 활동 구성 의도, 유의사항, Tip 등을 가능한 한 자세하고 구체적으로 소개하여 지속가능발전교육을 실천하고자 하는 교사들의 궁금증과 답답함을 해결하고자 노력하였다.

학교 현장에서 지속가능발전교육을 수업의 형태로 구현하고자 할 때는 현재 인류 사회의 상황과 요구를 반영하면서도 학생들이 지속가능성을 파악하고 이를 인식할 수 있는 주제를 선정하는 것이 좋다. 또 사회문화, 환경, 경제 영역 간의 통합적 접근, 세대 간 형평성 추구, 글로벌과 로컬 간 관계성의 원리를 잘 적용할 수 있도록 수업을 구성해야 한다. 이에 따라 수업을 디자인하고 실제 운영하였던 네 가지 수업 사례를 소개하고자 한다.

1) 모듈 1: 기후변화가 뭐예요?

기후변화는 현 인류가 처해 있는 여러 가지 문제 중 현재 세대와 미래 세대의 생존에 관한 것으로 인류가 꼭 해결해야 할 문제라 할 수 있으므로 지속가능한 삶을 위해 꼭 함께 고민해 보아야 할 주제라 할 수 있다. 이 문제를 해결하기 위해서는 먼저 기후변화로 나타나는 자연현상과 피해에 대해 알아보고, 그에 따라 사람들의 삶이 어떻게 변화는지 살펴보면서 학생들이 사회문화, 환경, 경제 영역 간의 통합적인 사고를 할 수 있도록 한다. 또 기후변화가 왜 일어나는지 원인을 살펴보고, 이를 제거하기 위해 어떤 노력을 할 수 있는지 토의하며, 일상생활에서 꾸준히 실천하는 태도를 갖도록 한다.

2) 모듈 2: 나와 지구를 지키는 먹거리

먹거리는 우리의 생존 및 생활에 가장 밀접한 문제이다. 올바른 먹거리의 중요성을 깨닫고, 올바른 먹거리를 선택하는 것은 생명 존중과 환경 보존, 나아가 지역 경제 발전으로까지 이어진다는 것을 인식하도록 한다. 또 기후변화의 영향으로 먹거리 생산에 변화가 일어나고, 식생활의 세계화로 각국의 먹거리를 전 세계로 운반하면서 이산화탄소 배출량도 증가하고 있다. 그러므로 자신이 먹은 우리 집 식탁을 조사하여 지역 경제 발전과 지구의 위기를 변화시킬 수 있도록 학생들의 녹색 소비 의식을 일깨운다. 또 육식으로 나타날 수 있는 물과 식량 부족, 우리 신체와 지구 환경에 미칠 수 있는 또 다른 요소를 파악해 보고 도시 농업 텃밭(키친가든)을 이용한 작물 재배로 탄소발자국을 줄이며 학생들의 채식 실천 의지를 다진다. '초록밥상 캠페인' 작품을 제작하여 사회문화, 환경, 경제에 우리의 실천 태도가 중요하다는 것을 홍보함으로써 지속가능한 세계시민으로 성장하도록 한다. 특히 학생들이 지속가능발전의 개념을 인식하는 것을 넘어 일상생활에서 실천하는 것에 중점을 두어 수업을 진행한다.

3) 모듈 3: 제로 웨이스트! 자원 순환

우리는 필요한 것들을 사고 사용한 다음 버린다. 이렇게 우리가 살아가면서 만드는 쓰레기는 어디로 갈까? 쓰레기들은 땅에 묻거나 태우며, 다시 쓸 수 있는 것들은 재활용한다. 그런데 이러한 쓰레기가 우리 동네와 산, 바다를 뒤덮고 있으며, 그 피해는 우리들에게 돌아온다. 이에 지속가능성과 연관지어 쓰레기 문제를 함께 고민해 본다.

쓰레기를 주제로 지속가능한 지구를 만들기 위해 우리가 할 수 있는 일을 생각해 보고 실천함으로써 쓰레기가 다시 자원이 되는 자원순환을 이해한다. 생활 속에서 쓰레기를 최소화하고 분리배출, 재활용(재사용)이 잘 이루어지도록 하며, 자원순환의 관점에서 학생들이 지속가능성을 파악하고 인식할 수 있도록 한다. 또 쓰레기의 처리 과정에서 발생하는 인권 문제를 알아보고 자연과 사람, 사회의 연결고리를 확인하여 사회문화, 환경, 경제 영역 간의 통합적 접근 방식으로 문제를 인식할 수 있도록 한다. 이러한 배움을 통해 학생들이 생태에티켓을 습관화하고, 환경의 소중함과 고마움을 깨닫는 생태감수성을 기르며, 나아가 지혜와 용기를 가지고 우리가 할 수 있는 일을 실천에 옮기는 세계시민으로 성장하기를 기대한다.

4) 모듈 4: 지속가능한 우리 마을 만들기

지속가능발전교육에서는 '지구에서 인류의 지속가능한 삶이 가능한 것일까'라는 가장 근본적인 질문에 대해 함께 고민해 보는 것이 필요하다. 이러한 지구적 차원의 문제를 해결하기 위해 학생들의 삶과 가장 맞닿아 있는 우리 마을에서부터 그 실마리를 찾아본다. 먼저 지속가능한 미래의 의미를 이해하고, 지속가능한 미래를 만들기 위해 사회문화, 환경, 경제 간의 상호작용을 고려하여 그 균형점을 찾는 것이 중요함을 인식하도록 한다. 그리고 지속가능한 마을의 여러 사례를 통해 지속가능한 마을의 기준을 정립한 후, 직접 우리 마을에서 발생하고 있는 다양한 문제를 사회문화적·환경적·경제적 관점에서 지속가능성에 바탕을 두고 통합적으로 접근하여 해결 방안을 찾아 실천한다. 우리의 실천 결과가 어떤 영향을 미치는지 지속가능한 마을의 기준에 따라 평가해 보고, 프로젝트를 통해 길러진 우리의 노력이 글로벌 시민성으로 이어질 수 있도록 한다.

지속가능발전교육, 어떻게 할까?

모듈 **1**

기후변화가 뭐예요?

주제 개관

기후변화 또는 기후위기는 여러 가지 환경문제 중 하나가 아니라 현재 세대와 미래 세대의 생존을 위해 인류가 꼭 해결해야 할 중대한 문제라고 할 수 있다. 또 기후변화는 지속가능한 지구, 지속가능한 삶의 관점에서도 꼭 다루어야 할 문제이다.

우리에게 닥친 문제를 해결하기 위해 현재 어떤 일들이 벌어지고 있는지, 왜 일어나는지, 그 원인을 어떻게 없앨 수 있는지 탐구해야 한다. 그래서 본 모듈에서는 먼저 기후변화로 나타나는 자연현상과 피해에 대해 알아보고, 학생들이 직접 기후변화로 나타나는 자연현상과 피해 사례를 추가로 조사하여 친구들과 공유할 수 있도록 한다. 이때 자신이 직접 기후변화로 나타나는 현상을 찾아보고 친구들에게 설명하는 과정을 통해 학생들은 좀 더 자기주도적인 태도로 접근하게 되고, 더 민감하게 문제를 바라볼 수 있게 된다. 이에 더해 기후변화로 일어나는 사람들의 삶의 변화에 대해서도 살펴보도록 한다. 기후변화를 환경문제로만 생각하지 않고 사회문화, 경제 분야에도 복합적으로 영향을 미치며 우리 삶 전체에 영향을 미친다는 것을 인식하여 문제 상황을 통합적으로 바라볼 수 있도록 한다.

기후변화의 원인인 온실가스에 대해 살펴보고, 특히 이산화탄소에 관심을 갖도록 한다. 이산화탄소가 생성되거나 소멸되는 경우를 명확히 인식할 수 있도록 그림 카드를 제시하여 학생이 직접 구분하도록 한다. 또 일상생활에서 삶의 방식에 따라 이산화탄소가 얼마나 발생하는지 탄소발자국 정보를 제공하여 이후 이산화탄소를 줄이는 방법을 고안해 내는 데 바탕이 되도록 하였다.

기후변화가 일어나는 원인을 제거하기 위해 우리가 할 수 있는 방법들을 토의하고, 일상생활에서 꾸준히 실천하는 태도를 갖도록 구성하였다.

본 모듈을 통해 학생들이 기후변화로 일어나는 자연현상과 사회 경제에 미치는 영향을 인식하여 사회문화, 환경, 경제 문제를 통합적으로 사고할 수 있도록 하고, 기후변화 원인을 확인한 후 문제를 해결하기 위해 우리가 할 수 있는 일을 찾아 일상생활에서 실천하는 태도를 갖게 될 것이다. 즉 학생들이 '지구적으로 생각하라, 지역에서 실천하라(Think Globally, Act Locally!)'는 지속가능발전교육의 슬로건에 적합한 탐구와 실천을 수행하게 될 것이다.

차시	주제명	주요 활동 내용	교수·학습 방법
1	기후변화로 무슨 일이 일어날까?(1)	• 여러 장의 사진에서 공통점 찾기 • 기후변화란 무엇인지 알아보기 • 기후변화로 나타나는 자연현상과 피해를 조사하고 정리하여 공유하기 • 기후변화에 대한 생각 나누기	개념학습 탐구학습
2	기후변화로 무슨 일이 일어날까?(2)	• 그림 카드 내용 살펴보기 • 그림 카드를 이용하여 기후변화로 나타나는 사람들의 삶의 변화에 대해 이야기 꾸미기 • 기후변화와 사람들의 삶에 대한 생각 나누기	탐구학습 (스토리 활용)
3~4	기후변화는 왜 일어날까?	• 기후변화로 인한 현상과 삶의 변화 확인하기 • 온실효과와 온실가스에 대해 알아보기 • 이산화탄소 발생과 소멸 확인하기 • 일상생활 속 탄소발자국 확인하기 • '보이는 것과 보이지 않는 것'으로 표현하기	탐구학습
5	지금, 우리부터	• 기후변화 문제를 해결하는 방법 찾기 • 기후변화 문제를 해결하는 방법 표현하기 • 기후변화 문제를 해결하는 방법 공유하기 • 기후변화 문제 해결 방법 실천계획 세우기 • 실천할 일 중 몇 가지를 지금 직접 해 보기	문제해결학습 (토의)

관련 교과

• 국어 5-1-6. 토의하여 해결해요
• 국어 5-2-5. 여러 가지 매체 자료
• 국어 6-2-6. 정보와 표현 판단하기
• 도덕 6-2-6. 함께 살아가는 지구촌
• 사회 5-1-1. 국토와 우리 생활
• 사회 6-2-2. 통일 한국의 미래와 지구촌의 평화
• 과학 6-1-3. 여러 가지 기체
• 과학 6-2-3. 연소와 소화
• 실과 [6실05-09] 생활 속의 농업 체험을 통해 지속가능한 생활을 이해하고 실천 방안을 제안한다.
• 미술 [6미01-04] 이미지를 활용하여 자신의 느낌과 생각을 전달할 수 있다.
　　　[6미02-03] 다양한 자료를 활용하여 아이디어와 관련된 표현 내용을 구체화할 수 있다.

1

차시

기후변화로 무슨 일이 일어날까? (1) [적용 학년: 5~6학년]

학습목표
- 기후변화로 인한 자연현상과 피해를 알고 설명할 수 있다.
- 기후변화로 인한 자연현상과 피해에 꾸준히 관심을 둔다.
- 기후변화로 인한 자연현상과 피해를 친구들과 협력하고 소통하며 조사할 수 있다.

자료
- 기후변화로 나타나는 현상 사진 자료(PPT)
- 스마트 기기, 기후변화 관련 도서
- 포스트잇, 색연필 또는 사인펜
- 스탠딩 클립보드, 싱킹보드, 보드마커

이렇게 계획했어요

도입

- 여러 장의 사진에서 공통점 찾아보기(기후변화로 나타나는 현상 사진 자료 PPT)
  - 기후변화로 나타나는 현상입니다.
- 기후변화에 대해 내가 알고 있는 점 이야기 나누기
  - 지구가 점점 따뜻해지고 있습니다.
  - 기후변화로 작년에 홍수가 일어났습니다.
  - 북극곰이 멸종 위기에 처해 있습니다.

배움 주제

기후변화로 무슨 일이 일어날까?

전개

- 기후변화란 무엇인지 알아보기
  - 날씨와 기후 구분하기
  - 기후변화의 뜻 알아보기
- 기후변화로 나타나는 자연현상과 피해 조사하기(스마트 기기, 기후변화 관련 도서, 모둠 활동)
  - 스마트 기기 또는 기후변화 관련 도서를 이용하여 기후변화로 나타나는 자연현상과 피해 조사하기

- 기후변화 자연현상 및 피해에 대해 조사한 내용 정리하기(포스트잇, 스탠딩 클립보드, 모둠 활동)
  - 포스트잇에 비주얼 싱킹으로 정리하기
  - 정리한 내용을 스탠딩 클립보드에 붙이기
- 기후변화 자연현상 및 피해에 대해 조사한 내용 설명하고 공유하기(모둠 활동)
  - 배움장터(둘 가고 둘 남기)를 열어 다른 모둠 친구들에게 조사한 내용 설명하기
  - 다른 모둠을 방문하여 조사 내용에 대해 설명을 듣고 질문하기

정리

- 기후변화에 대한 나의 생각 나누기(싱킹보드, 보드마커)
  - 싱킹보드에 기후변화에 대한 자신의 느낌 쓰기
  - 싱킹보드를 칠판에 붙이고 친구들의 느낌 공유하기

이렇게 진행했어요

도입

- 다음과 같은 몇 장의 사진을 보여 주고 각각의 사진이 어떤 내용을 담고 있는지 이야기하도록 한다. 산불, 가뭄, 홍수, 빙하 붕괴 등 사진의 공통점을 찾도록 하여 본 차시에서 기후변화와 관련된 내용이 진행된다는 것을 학생들이 인지할 수 있도록 한다.
- 기후변화에 대해 학생이 알고 있는 점을 부담 없이 이야기할 수 있도록 하여 기후변화에 대한 학생들의 사전 지식과 생각을 확인한다.

기후변화 관련 사진 예시

전개

- 기후변화에 대한 정의를 명확하게 인지하기 위해 날씨, 기후, 기후변화 뜻에 대해 알아본다.

  – 날씨: 그날그날의 비, 구름, 바람, 기온 따위가 나타나는 기상 상태

  – 기후: 오랜 기간(30년 이상)에 걸쳐 나타나는 평균적인 날씨 패턴

  – 기후변화: 일정 지역에서 오랜 기간에 걸쳐서 진행되는 기후의 변화

- 모둠별로 기후변화로 나타나는 자연현상이나 피해를 스마트 기기 또는 관련 도서를 이용하여 학생들이 직접 조사하도록 한다.

> **Tip**
>
> 학습 효과 피라미드에서 보는 것과 같이 기후변화로 나타나는 자연현상을 교사가 설명하거나 동영상을 보여주는 것보다 학생들이 직접 조사하는 것이 학습 효과면에서 더 낫다고 볼 수 있다. 또 교사의 설명을 듣는 것보다 학생들이 직접 조사하는 활동이 학생들을 배움의 주인공으로 서게 할 수 있는 방법이 될 수 있다. 또 조사한 내용을 정리한 후에는 다른 모둠에게 설명하는 활동을 하게 된다는 것을 미리 안내하면, 학생들이 조사 활동에 더 적극적으로 참여하고, 내용을 명확하게 조사하게 된다.

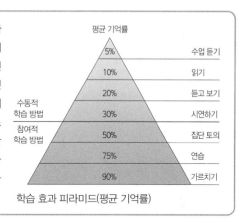

학습 효과 피라미드(평균 기억률)

- 기후변화의 자연현상과 피해에 대해 학생들이 직접 조사하여 간단한 그림과 글(비주얼 싱킹)로 나타낸 내용은 다음과 같다.

> **Tip**
>
> 교사가 수업 전에 미리 꼼꼼하게 기후변화로 인한 자연현상 자료를 준비하는 방법도 있다. 그러나 학생들이 다른 친구들에게 설명하기 위해 직접 조사하는 활동을 진행하면 수업의 주인공이 될 수 있고, 교사가 준비한 자료보다 학생들이 직접 조사한 내용이 훨씬 풍부해질 수 있다.

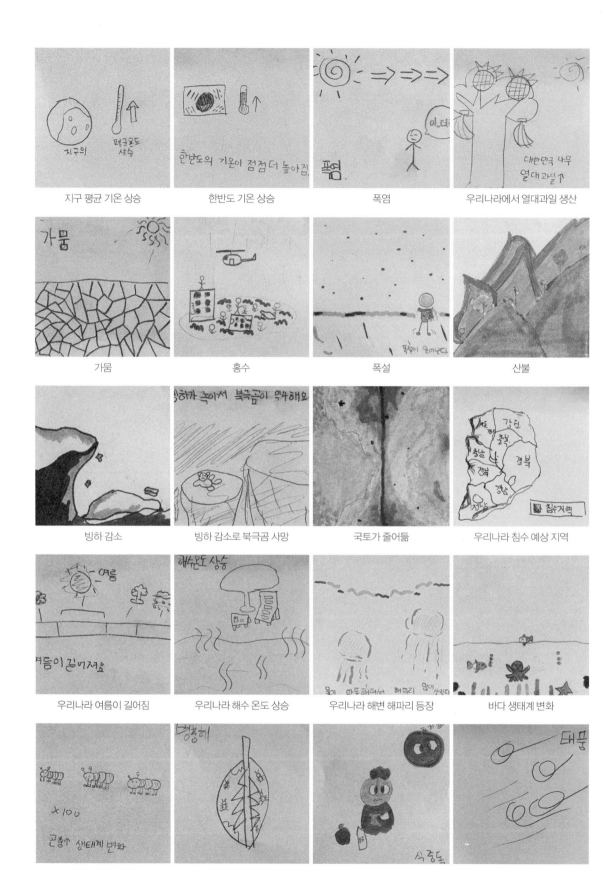

기후변화의 자연현상과 피해에 대한 비주얼 싱킹

• 모둠별로 조사한 내용을 포스트잇에 비주얼 싱킹으로 표현한 후 스탠딩 클립보드에 붙인다.
  배움장터를 열어 다른 모둠의 친구들과 조사한 내용을 공유한다.

> **Tip**
>
> 배움장터를 열기 위해 모둠원 중 두 명은 주인 역할을 하고, 다른 두 명은 손님 역할을 한다. 주인은 자기 모둠에
> 남고 손님은 다른 모둠으로 이동한다. 주인은 우리 모둠에서 조사한 내용을 설명하고, 손님은 설명을 들으면서
> 궁금한 점을 질문한다. 교사가 종소리를 울리면 손님은 다른 모둠으로 이동한다. 또 모둠에서 주인과 손님 역할
> 을 바꾸어 진행하여 설명하는 것과 질문하는 것 모두를 경험할 수 있도록 한다.

정리

• 전개의 활동을 바탕으로 기후변화에 대한 생각을 싱킹보드에 간단하게 표현한다.

> **Tip**
>
> 기후변화에 대한 생각이나 느낌을 몇몇 학생들만 발표하고 수업을 마무리하기보다는 각자의 생각을 간단하게
> 표현한 후 싱킹보드를 칠판에 붙이도록 하면 짧은 시간에 많은 학생들의 생각을 공유하기 쉽다.

조사한 내용을 비주얼 싱킹으로 표현하여 스탠딩 클립보
드에 붙임

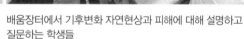

배움장터에서 기후변화 자연현상과 피해에 대해 설명하고
질문하는 학생들

기후변화에 대한 생각을 싱킹보드에 쓴 후 칠판에 붙이고
공유함

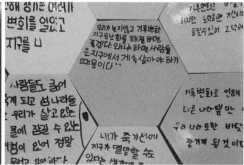

싱킹보드에 표현한 학생들의 생각

2 차시

기후변화로 무슨 일이 일어날까? (2)

[적용 학년: 5~6학년]

학습목표
- 기후변화로 인한 사람들 삶의 변화에 대해 설명할 수 있다.
- 기후변화로 인한 사람들 삶의 변화에 대해 지속적으로 관심을 갖는다.
- 기후변화로 인한 사람들 삶의 변화를 탐색하고 예상할 수 있다.

자료
- 기후변화로 나타나는 현상에 대한 그림 자료(카드)
- 스마트 기기, 기후변화 관련 도서
- 포스트잇, 스탠딩 클립보드

이렇게 계획했어요

도입

- 여러 장의 그림 카드 살펴보기(기후변화로 나타나는 현상에 대한 그림 자료)
  - 그림 카드의 내용 살펴보기
  - 그림 카드의 내용과 기후변화의 관련성 이야기 나누기

배움 주제

기후변화로 무슨 일이 일어날까?

전개

- 여러 장의 그림 카드를 이용하여 이야기 꾸미기(그림 카드, 짝 활동)
  - 여러 장의 그림 카드 중 몇 장을 골라 이야기 꾸미기
- 기후변화로 나와 다른 사람들의 삶에 나타날 변화 알아보기(모둠 활동)
  - 기후변화로 인해 변화되는 사람들의 삶 조사하기
  - 변화되는 사람들의 삶의 모습을 그림 카드로 나타내기
  - 몇 장의 그림 카드를 이어 이야기 꾸미기

Tip
이야기 꾸미기에 필요한 그림을 자신이 직접 그린 후 그 카드를 사용하여 이야기를 꾸밀 수도 있다.

- 기후변화로 나타나는 사람들의 삶의 변화에 대한 생각 나누기

  – 기후변화로 나타나는 사람들의 삶의 변화에 대한 내 생각 정리하기

  – 다른 친구의 생각을 듣고 공유하기

이렇게 진행했어요

도입

- 기후변화와 관련된 그림 카드를 보여 주고 학생들에게 살펴보도록 한다. 각각의 그림 카드가 무엇을 나타내며 기후변화와 어떤 관련이 있는지 이야기해 본다.

Tip
> 개인 활동으로 진행할 때 어려움을 겪는 학생들이 있으므로 짝 활동으로 진행하는 것이 좋다.

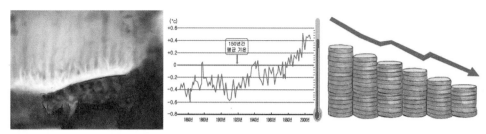

기후변화 관련 그림 카드 예시

전개

• 그림 카드 중 이야기를 꾸밀 때 필요한 그림 카드 몇 장을 골라 순서대로 놓고 짝과 함께 이야기를 꾸며 본다. 학생들이 꾸민 이야기의 예시는 다음과 같다.

Tip

기후변화로 일어난 일이거나 앞으로 일어날 일에 대해 이야기를 꾸미는 활동은 기후변화로 인해 나타나는 사람들의 삶의 변화에 대해 생각할 수 있는 기회를 제공한다. 기후변화 문제는 환경 문제뿐만 아니라 사회적, 경제적 문제와도 긴밀하게 연결되어 있으므로 기후변화로 나타날 사람들의 삶의 변화를 상상해 보는 활동은 기후변화 문제를 사회적, 경제적으로 어떻게 해결해야 하는지 토의할 때 바탕을 마련할 수 있다.

예시 1

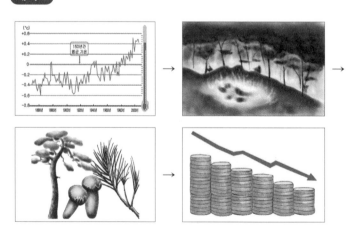

기후변화로 지구의 평균기온이 점점 높아지고 있다. 이로 인해 산불이 자주 발생하며, 한번 발생한 산불은 쉽게 꺼지지 않는다. 산불로 인해 소나무와 소나무 주변에 살던 송이버섯이 함께 불에 탄다. 송이버섯을 팔아 생활하던 주민들의 수입이 줄어 생활에 어려움을 겪게 된다.

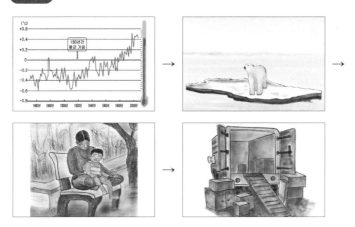

기후변화로 지구의 평균기온이 점점 높아지고 있어 지구의 빙하가 녹고, 해수의 온도가 점점 높아져서 해수면이 높아진다. 바닷가에 사는 사람들의 집까지 바닷물이 들어오게 되어 더 이상 그곳에 살 수 없게 되자 자기가 살던 집을 버리고 이사를 간다.

예시 3

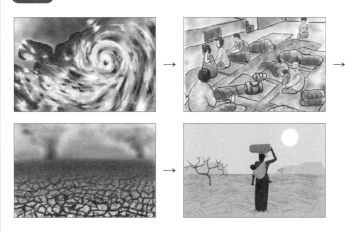

기후변화로 강력한 태풍이 발생하여 강한 바람이 불고 폭우가 쏟아졌다. 집에 있는 것이 위험하여 주민들은 체육관으로 대피한다. 어떤 지역에서는 가뭄이 심해 물이 부족해졌다. 주변에서 먹을 물을 구하기 어려워 멀리까지 가야 한다.

그림 카드를 이용하여 이야기를 꾸밀 때 학생들이 어려움을 겪을 수 있다. 이때 기후변화로 인해 변화되는 사람들의 삶의 모습에 대해 찾아보는 활동을 삽입하는 것이 좋다. 스마트 기기나 관련 도서를 이용하여 짝과 함께 찾아보면 이야기의 내용이 더 풍부해질 수 있다.

• 기후변화로 인해 변화되는 사람들의 삶의 모습에 대해 이야기를 꾸밀 때 필요한 그림 카드가 없는 경우에는 학생들이 자기가 필요한 그림을 직접 그려 활용할 수 있도록 한다.

정리

• 기후변화로 나타나는 사람들 삶의 변화에 대한 이야기 꾸민 후에 든 생각을 정리하여 간단하게 글로 표현해 보도록 한다.

학생들은 평소 기후변화나 지구온난화로 인한 피해가 북극곰에게나 일어나는 일이라고 생각하였으나 사람들의 삶에도 영향을 미친다는 점을 알게 되었고, 좀 더 관심을 가져야 되겠다거나 기후변화 관련 수업을 우리 반 말고 다른 반도 받아서 기후변화나 지구온난화에 대해 친구들도 함께 이해하였으면 좋겠다고 생각한다.

기후변화로 무슨 일이 일어날까? 수업 후 학생들의 생각 정리

지속가능발전교육, 어떻게 할까?

3~4 차시 기후변화는 왜 일어날까?

[적용 학년: 5~6학년]

학습목표	• 기후변화가 일어나는 까닭을 이해하고 설명할 수 있다.
	• 기후변화가 일어나는 까닭에 대해 꾸준히 관심을 갖는다.
	• 기후변화가 일어나는 까닭에 대해 친구들과 활발하게 의사소통할 수 있다.
자료	• 온실효과와 온실가스 관련 영상(예시: 엉뚱박사 과학TV '온실효과와 온실가스' https://youtu.be/TKivNcq2pHk)
	• 탄소발자국 관련 영상(예시: 노잉댓 '탄소발자국' https://youtu.be/i6YJ-KO2bFY)
	• 이산화탄소 발생·소멸 그림 카드, 탄소발자국 활동지
	• 흰 종이, 빨간색 PVC 필름, 노란색 사인펜, 검정색 사인펜

이렇게 계획했어요

도입

• 기후변화로 나타나는 자연현상, 피해, 사람들의 삶의 변화에 대해 이야기하기
  - 가뭄, 홍수, 산불, 해수면 상승, 기아, 기후 난민 등
• 기후변화 문제를 해결하기 위해 우리가 꼭 알아야 할 것 이야기하기
  - 기후변화의 원인

배움 주제

기후변화는 왜 일어날까?

전개

• 온실효과와 온실가스에 대해 알아보기(온실효과와 온실가스 관련 영상)
  - 온실효과와 온실가스의 뜻 확인하기
  - 온실가스의 종류 알아보기
  - 이산화탄소가 온실효과에 미치는 영향 알아보기
• 대기 중 이산화탄소가 줄어드는 경우와 늘어나는 경우 알아보기(그림 카드, 짝 활동)
  - 여러 장의 그림 카드 내용 살펴보기
  - 이산화탄소가 줄어드는 경우와 늘어나는 경우로 분류하기

- 탄소발자국의 뜻 알아보기
  - 탄소발자국의 뜻을 알아보고 친구에게 설명해 보기 (탄소발자국 관련 영상)
- 일상생활에서 탄소발자국 확인하기 (탄소발자국 학습지)
  - 일상생활 속 탄소발자국 양 확인하기
  - 비슷한 만족을 얻을 때 탄소발자국의 양 비교하기

정리

- '보이는 것과 보이지 않는 것' 표현하기 (흰 종이, 빨간색 PVC 필름, 노란색 사인펜, 검정색 사인펜)
  - 보이는 것은 검정색 사인펜으로, 보이지 않는 것은 노란색 사인펜으로 표현하기
  - 빨간색 PVC 필름으로 덮어 보기
  - 다른 친구들의 표현 내용 살펴보기

이렇게 진행했어요

도입

- 기후변화로 일어나는 자연현상, 피해, 사람들의 삶의 변화에 대해 되돌아보며 이야기를 나눈다. 이런 기후변화 문제를 해결하기 위해 기후변화의 원인이 무엇인지 알아야 할 필요성에 대해 이야기를 나눈다.

전개

- 온실 효과, 온실가스, 이산화탄소에 대해 설명하는 그림 자료나 영상을 이용해 기후변화의 원인을 알아보고 친구들과 이야기를 나누어 본다. 특히 온실가스 중 이산화탄소가 양이 많고 기후변화에 미치는 영향이 크다는 것에 대해 확인한다.
- 대기 중 이산화탄소가 어떤 경우에 많아지고 적어지는지 알아보기 위해서는 이산화탄소가 생성되어 배출되거나 이산화탄소가 소비되어 소멸되는 경우로 구분할 수 있어야 한다. 학생들에게 14장의 그림 카드를 잘 살펴보도록 한 뒤 (A) 대기 중 이산화탄소가 줄어드는 경우와 (B) 대기 중 이산화탄소가 늘어나는 경우로 구분할 수 있도록 한다.

① 식물 키우기	② 화석 연료로 전기 생산하기	③ 자동차 이용하기
④ 비행기 이용하기	⑤ 동물의 호흡	⑥ 식물의 광합성
⑦ 해조류의 광합성	⑧ 사람의 호흡	⑨ 난방하기
⑩ 기차로 이동하기	⑪ 가스레인지로 조리하기	⑫ 물을 틀어둔 채 샤워하기

이산화탄소 생성과 소비 관련 그림 카드 예시

위 그림 카드를 (A)와 (B)로 분류하여 보면 다음과 같다.

(A) 이산화탄소가 줄어드는 경우	(B) 이산화탄소가 늘어나는 경우
①, ⑥, ⑦	②, ③, ④, ⑤, ⑧, ⑨, ⑩, ⑪, ⑫

- 탄소발자국에 대해 설명하는 그림 자료나 영상을 이용해 탄소발자국에 대해 알아보고, 친구들과 이야기를 나누어 본다. 사람의 활동이나 상품을 생산, 소비하는 데 직간접적으로 이산화탄소가 발생된다는 것을 학생들이 인식할 수 있도록 한다.

- 사람이 행하는 거의 모든 활동에서 이산화탄소가 발생한다는 사실을 인지하였다면 우리 일상생활에서 무엇을 어떻게 할 때 이산화탄소가 얼마나 발생하는지 확인해 보는 것이 좋다. 다음의 표는 마이크 버너스리(2014)의 『거의 모든 것이 탄소발자국』에서 발췌한 내용을 정리한 것이다.

탄소발자국
단위: CO_2e

번	내용	탄소발자국
1	문자 메시지(한 건)	0.014g
2	문자 메시지(전 세계, 1년 동안)	32000t
3	수돗물 1리터	0.245g
4	웹 검색 한 번(구글이 자기 회사에서)	0.2g
5	웹 검색 한 번(효율 좋은 노트북)	0.7g
6	웹 검색 한 번(전력 소모가 많은 컴퓨터)	4.5g
7	문 여닫기(추운 겨울날 현관문)	3g
8	이메일(스팸 메일 한 통)	0.3g
9	이메일(일반적인)	4g
10	이메일(첨부파일이 달린)	50g
11	손 말리기(저절로 마르게 한 경우)	0g
12	손 말리기(에어 블레이드 사용)	3g
13	손 말리기(종이 타올 한 장 사용)	10g
14	손 말리기(전기 헤어드라이어 사용)	20g
15	비닐 봉지(아주 얇은)	3g
16	비닐 봉지(일반적인)	10g
17	비닐 봉지(두껍고 재사용이 가능한)	50g
18	종이 쇼핑백(재생지로 만든 얇은)	12g

19	종이 쇼핑백(비재생종이로 만든 고급스러운)	80g
20	셔츠 한 벌 다림질(약간 젖은 셔츠를 능숙하게)	14g
21	셔츠 한 벌 다림질(일반적으로)	25g
22	셔츠 한 벌 다림질(심하게 구겨진 것을 능숙하지 못한 솜씨로)	70g
23	물 1리터 끓이기(가스 레인지에 주전자를 올리고 약한 불로)	50g
24	물 1리터 끓이기(전기주전자로)	70g
25	물 1리터 끓이기(가스 레인지에 뚜껑 없이 냄비를 올리고 불꽃이 옆으로 샐 때)	115g
26	사과 한 개(정원에서)	0g
27	사과 한 개(지역에서 제철)	10g
28	사과 한 개(일반적으로 유통)	80g
29	사과 한 개(선박 운송, 냉동 보관, 비효율적 생산)	150g
30	오렌지 한 개(평균적)	90g
31	오렌지 한 개(시즌 초반에 항공운송)	1000g
32	TV 시청 한 시간(15인치 LCD)	34g
33	TV 시청 한 시간(32인치 LCD)	88g
34	커피 한 잔(필요한 만큼만 물을 끓여서)	21g
35	커피 한 잔(우유 추가)	53g
36	커피 한 잔(평균적인 경우, 우유 추가)	71g
37	커피 한 잔(카푸치노 큰 사이즈)	235g
38	커피 한 잔(카페라떼)	340g
39	버스로 1마일(소형 버스에 승객이 다 찬)	15g
40	버스로 1마일(일반적인)	150g
41	버스로 1마일(운전사와 단둘이 2층버스)	1400g
42	기저귀(천 기저귀, 여러 개 모았다 빨 때)	89g
43	기저귀(일회용)	145g
44	딸기 한 소쿠리(지역에서 제철)	150g
45	딸기 한 소쿠리(제철 아닐 때 재배되어 항공 운송이거나 지역에서 온실 재배)	1800g
46	생수 500mL(지역에서 물을 얻고 지역 유통망을 이용)	110g
47	생수 500mL(평균적인 경우)	160g
48	당근 1kg (지역의 제철)	250g
49	당근 1kg (보통)	300g
50	당근 1kg (먼 곳에서 수송된)	1000g
51	샤워 한 번(가스보일러로 물 데우고 공기혼합식 수도꼭지로 3분 동안)	90g
52	샤워 한 번(일반적인 전기온수기로 물 데우고 6분 동안)	500g
53	샤워 한 번(1kW 전기온수기로 물 데우고 15분 동안)	1700g
54	아이스크림 한 개(막대 아이스케이크 한 개를 사서 그날 먹을 때)	50g
55	아이스크림 한 개(냉동차에 싣고 온, 우유로 만든)	500g

56	쓰레기 1kg(정원 쓰레기)	200g
57	쓰레기 1kg(평균적인 쓰레기통 내용물)	700g
58	설거지(손으로, 미지근한 물 사용)	540g
59	설거지(55℃ 식기세척기를 사용)	770g
60	설거지(65℃ 식기세척기를 사용)	990g
61	설거지(물을 낭비하면서 손으로)	8000g
62	화장지(재생지로 만든 한 두루마리)	450g
63	화장지(비재생지로 만든 한 두루마리)	730g
64	자동차로 1km(소형차 시속 90km로 일정하게 달릴 때)	215g
65	자동차로 1km(연비 12km인 보통 차)	443g
66	자동차로 1km(대형차 시속 144km로 운전할 때)	1400g
67	삶은 감자 1kg(지역에서 자란 감자를 뚜껑을 닫고 중간 불로)	620g
68	삶은 감자 1kg(지역에서 자란 감자를 뚜껑을 연 채 센 불로)	1170g
69	플라스틱 1kg(에코시트)	750g
70	플라스틱 1kg(재활용 재료로 만든)	1700g
71	플라스틱 1kg(원재료에서 직접 만든)	3400g
72	플라스틱 1kg(평균적인)	3500g
73	플라스틱 1kg(일부 나일론 종류)	9100g
74	목욕(태양 에너지로 물을 데우는 경우)	0g
75	목욕(가스보일러 사용하고 욕조에 물을 적당히 채우는 경우)	500g
76	목욕(가스보일러 사용하고 욕조에 물을 넉넉히 채우는 경우)	1100g
77	목욕(전기온수기 사용하고 욕조에 물을 넉넉히 채우는 경우)	2600g
78	세탁기 돌리기(30℃에서 세탁하고 빨랫줄에 넣어서 말림)	600g
79	세탁기 돌리기(40℃에서 세탁하고 빨랫줄에 넣어서 말림)	700g
80	세탁기 돌리기(40℃에서 세탁하고 건조기로 말림)	2400g
81	세탁기 돌리기(건조기 겸용 세탁기로 60℃에서 세탁하고 말림)	3300g
82	햄버거 한 개(야채버거)	1000g
83	햄버거 한 개(치즈버거)	2500g
84	쌀 1kg(효율적으로 생산된)	2500g
85	쌀 1kg(평균적인)	4000g
86	쌀 1kg(질소 비료를 과도하게 사용하여 비효율적으로 생산된)	6100g
87	물 1m³ 담수화(태양열에서 얻은 전기로)	0g
88	물 1m³ 담수화(평균적인 경우)	5000g
89	물 1m³ 담수화(비효율적인 열 담수화 플랜트를 가동)	23000g
90	토마토 1kg(낱개로 팔리는 유기농, 제철 지역산)	400g
91	토마토 1kg(평균적인)	9100g

92	신발 한 켤레(합성수지)	8000g
93	신발 한 켤레(평균적인)	11500g
94	신발 한 켤레(완전 가죽)	15000g
95	혼잡시에 자동차로 통근(천천히 8km 이동)	22000g
96	휴대전화기 사용(하루에 2분 미만씩 1년간 사용)	47000g
97	휴대전화기 사용(하루에 한 시간씩 1년간 사용)	1250000g
98	강철 1kg(재사용된 일반적인)	420g
99	강철 1kg(원료에서 처음 만든 일반적인)	2750g
100	강철 1kg(원료에서 처음 만든 스테인리스 스틸)	6150g

(출처: 마이크 버너스리, 2014)

Tip

표의 내용을 학생들과 살펴보면서 사람이 비슷한 만족이나 행복감을 느끼면서도 이산화탄소를 적게 배출하는 방법이 있다는 것을 알 수 있도록 한다. 예를 들어 평균적으로 재배하고 공급하는 오렌지를 한 개 소비하면 탄소발자국은 90g이지만 시즌 초반에 항공으로 운송된 오렌지 한 개를 소비하면 탄소발자국은 1000g이다. 또 같은 양의 빨래라 하더라도 세탁기 사용 방법에 따라 발생되는 이산화탄소의 양(30℃에서 세탁하고 빨랫줄에 넣어서 말리면 600g, 40℃에서 세탁하고 빨랫줄에 넣어서 말리면 700g, 40℃에서 세탁하고 건조기로 말리면 2400g, 건조기 겸용 세탁기로 60℃에서 세탁하고 말리면 3300g)이 다르다는 것을 확인할 수 있다. 사람들이 무엇을 어떻게 할 때 이산화탄소가 얼마나 발생하는지 알게 되면 기후변화 문제를 해결할 수 있는 아이디어를 얻을 수 있다.

정리

• 기후변화로 일어나는 자연현상과 피해, 사람들의 삶의 변화, 기후변화의 원인을 알아본 학생들에게 지금까지 우리가 인식하던 것과 인식하지 못했던 것을 구분하여 '보이는 것과 보이지 않는 것'으로 표현해 볼 수 있도록 한다. 평소 인식하고 있었던 것은 검은색으로, 인식하지 못했던 것은 노란색으로 표현한 뒤 빨간색 필름으로 덮어 친구들에게 보여 주고 서로 이야기를 나눈 뒤 빨간색 필름을 빼고 보여 주도록 한다.

Tip

흰 종이에 검은색과 노란색 사인펜으로 그림을 그리게 한 뒤 빨간색 PVC 필름으로 덮으면 검은색으로 표현한 것은 보이지만 노란색으로 표현한 것은 보이지 않는다.

빙하가 녹아 삶의 터전을 잃어 어려움을 겪고 있는 북극곰

기후변화로 인한 가뭄으로 농사에 어려움을 겪는 농부

기후변화로 인한 폭우로 집을 잃은 사람들

기후변화로 평균기온이 점점 오르고 있는 지구

기후변화로 인한 산불로 생명이 위태로운 다람쥐 가족

보이는 것과 보이지 않는 것 활동

지속가능발전교육, 어떻게 할까?

5

차시

지금, 우리부터

학습목표	• 기후변화 문제를 해결하기 위해 해야 할 일을 설명할 수 있다.
	• 기후변화 문제를 해결하기 위해 해야 할 일을 일상생활에서 꾸준히 실천한다.
	• 기후변화 문제를 해결하기 위해 해야 할 일을 친구들과 의사소통하여 찾아낼 수 있다.
자료	• 포스트잇, 색연필 또는 사인펜, 스탠딩 클립보드

이렇게 계획했어요

도입

- 기후변화로 나타나는 자연현상, 피해, 사람들의 삶의 변화에 대해 이야기하기
  - 가뭄, 홍수, 산불, 해수면 상승, 기아, 기후 난민 등
- 기후변화의 원인은 무엇인지 이야기하기
  - 인간의 활동으로 인한 과도한 온실가스 발생

배움 주제

지금, 우리부터 할 수 있는 일은 무엇일까?

전개

- 기후변화 문제를 해결하는 방법 찾아보기
  - 가까운 거리는 걷거나 자전거 타기, 제철 과일 먹기, 샤워 시간 줄이기
  - 냉방기 온도 높이기, 난방기 온도 낮추기, 신재생에너지 개발하기 등
- 기후변화 문제를 해결하는 방법 표현하기(포스트잇, 색연필 또는 사인펜, 스탠딩 클립보드, 모둠 활동)
  - 기후변화 문제를 해결하기 위해 할 수 있는 일에 대해 모둠 친구들과 이야기하기
  - 포스트잇에 간단한 그림과 글(비주얼 싱킹)로 나타내기
  - 스탠딩 클립보드에 붙이기
- 기후변화 문제를 해결하는 방법 공유하기(모둠 활동)
  - 배움장터(둘 가고 둘 남기)를 열어 다른 모둠 친구들에게 설명하기

– 배움장터를 열어 다른 모둠을 방문하여 설명을 듣고 질문하기

• 기후변화 문제 해결 방법 실천 계획 세우기

– 나, 우리 가정에서 실천할 수 있는 일 정리하기

– 어떻게 실천할 것인지 실천 계획 세우기

– 친구와 계획 공유하기

– 실천할 때 예상되는 어려움에 대해 함께 토의하기

정리

• 기후변화 문제 해결을 위해 지금 할 수 있는 일을 해 보기

– SNS 프로필을 기후변화 문제와 관련된 내용으로 바꾸기

– 교실에서 창가 쪽 전등 끄기 등

이렇게 진행했어요

도입

• 기후변화로 나타나는 자연현상, 피해, 사람들의 삶의 변화 그리고 기후변화의 원인이 무엇인지 이야기해 본다. 기후변화는 인간의 활동으로 과도한 온실가스가 발생했기 때문이라는 것을 학생들이 인지하고 있는지 확인한다.

전개

• 기후변화의 원인을 알게 되었으므로 기후변화 문제를 해결하기 위한 방법에는 무엇이 있는지 생각나는 대로 이야기해 볼 수 있도록 한다. 가까운 거리는 걷거나 자전거 타기, 제철 과일 먹기, 채식하기, 샤워 시간 줄이기, 냉방기 온도 높이기, 난방기 온도 내리기, 신재생에너지 개발하고 사용하기 등 학생들이 다양한 생각을 꺼내놓을 수 있도록 한다.

> **Tip**
> 브레인스토밍으로 최대한 다양한 방법을 찾아볼 수 있도록 한다.

• 탄소발자국을 줄이거나 기후변화 문제를 해결하기 위해 할 수 있는 일에 대해 모둠 친구들과 이야기하고, 포스트잇에 간단한 그림과 글(비주얼 싱킹)로 나타낸 뒤 스탠딩 클립보드에 붙인다.

내가 할 수 있는 일, 가정에서 할 수 있는 일, 지역사회가 할 수 있는 일, 국가가 할 수 있는 일 등을 생각해 보도록 한다.

기후변화 문제를 해결하기 위해 할 수 있는 일 비주얼 싱킹

다음 표에 자기가 실천할 내용을 써 넣은 뒤 일주일 동안 실천해 본다. 일주일 후 실천하면서 어려웠던 점, 실천하면서 느낀 점 등에 대해 이야기 나누는 활동을 진행하는 것이 좋다.

실천 내용 \ 날짜	/	/	/	/	/	/	/

- 배움장터를 열어 다른 모둠의 친구들과 문제 해결 방법을 공유한다. 나, 우리 집, 우리 학교에서 실천할 수 있는 일을 확인하고, 어떻게 실천할 것인지 이야기 나눈다. 또 실천할 때 예상되는 어려운 점에 대해서도 함께 이야기해 본다.

정리

- 문제 해결을 위해 지금 바로 할 수 있는 일(SNS 프로필을 기후변화 문제와 관련된 내용으로 바꾸기, 교실에서 창가 쪽 전등 끄기 등)을 직접 해 본다.

이런 활동도 있어요

기후변화 말판놀이 만들기

준비물 4절지, 색깔이 다른 포스트잇 2종, 색연필 또는 사인펜

- 기후변화로 무슨 일이 일어나는지, 왜 일어나는지, 문제를 해결하기 위해 무엇을 해야 하는지에 대해 이야기를 나누면, 학생들은 기후변화와 관련하여 우리 반 외에 다른 반 친구들도 기후변화 수업을 하면 좋겠다는 생각을 하게 된다. 이때 다른 반 친구들을 위한 말판놀이 만들기 활동을 진행할 수 있다.
- 모둠 친구들과 말판놀이의 형태, 규칙 등에 대해 이야기 나눈다. 포스트잇, 사인펜 등을 이용하여 말판을 꾸민다.
- 우리 모둠에서 만든 말판놀이를 다른 모둠의 친구들에게 소개한 후 모둠끼리 말판을 바꿔서 놀이해 본다.

> **Tip**
> 교사가 만들어 놓은 말판을 이용해 놀이하지 않고 학생들이 직접 말판(보드게임)을 만들어 보는 것이 좋다. 말판을 직접 만드는 과정에서 학생들은 놀이 전체 체제는 어떻게 구성할 것인지, 어떤 경우에 상을 주거나 벌을 줄 것인지, 어떤 경우에 가중치를 더 많이 줄 것인지에 대해 친구들과 서로 의사소통하여 결정하게 된다. 이런 활동은 실제 세계에서 기후변화와 관련하여 어떤 정책을 마련할 것인지, 그 정책 실천에 대한 인센티브를 무엇으로 결정할 것인지 등을 논의하는 기초가 될 수 있다.

기후변화 말판놀이를 만들고 활동하는 학생들

• 학생들이 직접 만든 말판은 다음과 같다.

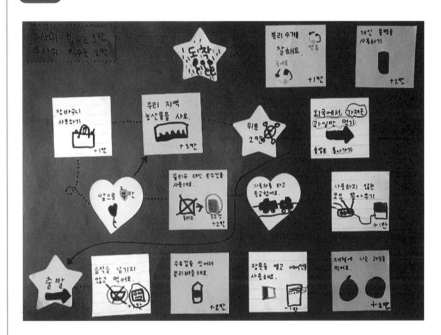

예시 1

놀이방법

① 주사위를 던져 홀수가 나오면 1칸, 짝수가 나오면 2칸을 갈 수 있다.

② 각 칸에 해당되는 대로 이동한다(예 분리수거를 잘해요 +1칸).

③ 빨리 도착하는 사람(팀)이 이긴다.

예시 2

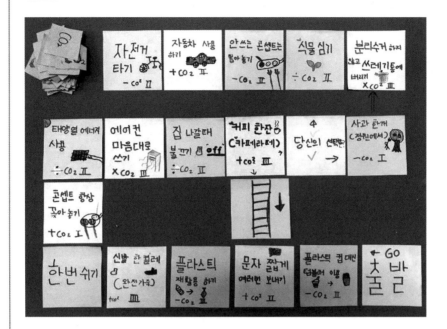

놀이방법

① 각자 CO_2 카드를 10장씩 나눠 갖는다.

② 가위바위보를 해서 가위로 이기면 1칸, 바위로 이기면 2칸, 보로 이기면 3칸을 움직인다.

③ 해당 칸에 나온 만큼 CO_2 카드를 가져가거나 낸다.

④ CO_2 카드가 적은 사람이 이긴다.

지속가능발전교육, 어떻게 할까?

나와 지구를 지키는 먹거리

주제 개관

세계는 지금 지구온난화를 비롯하여 식량 부족, 에너지 고갈, 빈부 격차, 감염병 등으로 위기에 놓여 있고, 우리나라는 급속한 경제 발전을 이루면서 전형적인 고탄소 사회의 모습을 보이고 있다. 우리나라의 1인당 이산화탄소 배출량과 에너지 소비량은 선진국 수준 이상으로, 저탄소 사회로의 획기적인 전환이 필요한 때이다. 이러한 위기 속에 지속가능발전을 이루는 데 교육의 역할이 중요하다는 인식을 기초로 지속가능발전교육의 강화와 이행을 강조하고 있다.

본 수업 모듈은 학생들이 지식으로서 지속가능발전의 개념을 받아들이는 것이 아니라, '어떻게 실천에 옮기느냐'의 관점과 실제적인 일상생활에서 '개인이 어떻게 적극적으로 참여하고 변화시키느냐'의 관점에서 시작한다. 인간의 행동이 기후변화를 일으키는 주요 원인이며, 적극적인 대응으로 기후변화를 막을 수 있다.

특히 기후변화와 관련해 먹거리는 우리 생활과 밀접하므로 올바른 먹거리의 중요성을 깨닫고, 이러한 올바른 먹거리 선택은 생명 존중과 환경 보존 및 지역 경제 발전으로까지 이어진다는 것을 인식하도록 한다. 인식의 전환과 습관은 단시간에 변화되지 않으므로 어릴 때부터 꾸준히 실천할 수 있는 기회가 마련되어야 하기에 학생들의 생활 주변에 존재하고 있는 친근한 소재에서 출발하여 지속가능한 미래를 위한 역량을 기르도록 한다.

첫째, 기후변화의 영향으로 먹거리 생산에 변화가 일어나고 있으며 식생활의 세계화로 인해 각국의 먹거리를 전 세계로 운반, 수송하기 위해 사용되는 에너지 소비량이 늘어 그에 따른 이산화탄소 배출량도 증가하고 있다. 이에 '줄이면 보입니다' 활동으로 풍요로운 생활에서 줄이면 보이는 것들을 찾아본다. 자신이 먹은 우리 집 식탁을 조사하여 원산지에 따른 식품의 이동 거리와 이산화탄소 배출량을 비교하는 활동을 통해 지역 경제 발전과 지구의 위기를 변화시킬 수 있는 학생들의 녹색 소비 의식을 일깨운다.

둘째, 육식으로 나타날 수 있는 물과 식량 부족, 우리 신체와 지구 환경에 미칠 수 있는 또 다른 요소를 파악해 본다. 그리고 도시 농업 텃밭(키친가든)을 이용하여 작물을 재배해 봄으로써 노작의 즐거움을 맛보는 동시에 탄소발자국을 줄이며, 학생들의 채식 실천 의지를 다지고, 가정과 연계한다. 또한 '초록밥상' 캠페인 작품을 제작하여 사회문화, 환경, 경제에 우리의 실천 태도가 중요함을 홍보함으로써 배움을 나누고, 지속가능한 세계시민으로 성장하도록 한다.

차시	주제명	주요 활동 내용	교수·학습 방법
1~2	지속가능발전목표는 무엇일까?	• 기후변화 위기로 나타난 다양한 사례 살펴보기 • 지속가능발전목표 영상을 보고 목표 알아보기 • 지속가능발전목표 실천의 필요성 토의하기 • 기후변화 위기를 극복하기 위해 우리가 실천할 일 나누기	개념학습
3~4	줄이면 보입니다(1)	• '줄이면 보입니다'의 의미 생각하기 • 줄이면 보일 수 있는 것들을 우리 주변에서 찾아보기 • 사회문화, 환경, 경제와 관련된 생각 나누기 • 줄이면 보이는 것을 글과 그림으로 표현하기 • 표현 활동에서 느낀 점 나누기	탐구학습
5~6	우리 집 식탁, 넌 어디서 왔니?	• 우리 집 저녁 식탁에 대해 이야기 나누기 • 여러 나라에서 온 식재료의 문제점 알아보기 • 푸드마일리지와 탄소발자국 알아보기 • 탄소발자국을 줄이기 위한 식탁 꾸미기 • 실천하고 싶은 일 다짐하기	탐구학습 (조사, 토의)
7~8	고기를 왜 덜 먹어야 할까?	• 내가 좋아하는 음식 이야기하기 • 육식이 미치는 영향 알아보기 • 채식 식단의 좋은 점 토의하기 • '육식은 줄이고, 채식은 늘리고'라는 주장에 대해 자신의 의견 쓰기 • 일주일에 하루 채식 실천 서약서 작성하기	의사결정학습
9~10	나는야 꼬마 농부	• 『비빔밥 꽃 피었다』 읽어 주기 • 키친가든 알아보기 • 학교 텃밭 키친가든 경작 계획 세우기 • 학교 텃밭 경작하기 • 수확 작물을 학교 급식, 가정으로 제공하기 • 직접 재배한 먹거리의 좋은 점 나누기	탐구학습 (실습, 토의)
11~12	줄이면 보입니다(2)	• 기후변화 위기를 줄이기 위해 그동안 실천한 일 나누기 • 지속가능한 지구를 위해 '초록밥상' 캠페인 방법 토의하기 • 모둠별로 캠페인 활동을 위한 작품 제작하기 • 캠페인 활동 후 느낀 점 나누기	프로젝트학습

- 국어 4-1-4. 일에 대한 의견
- 국어 4-2-2. 마음을 전하는 글을 써요
- 국어 5-1-5. 글쓴이의 주장
- 국어 5-2-3. 의견을 조정하며 토의해요
- 국어 6-2-3. 타당한 근거로 글을 써요
- 사회 4-2-2. 필요한 것의 생산과 교환
- 사회 5-1-1. 국토와 우리 생활
- 사회 6-2-1. 세계 여러 나라의 자연과 문화
- 과학 4-2-1. 식물의 생활
- 과학 5-1-5. 다양한 생물과 우리 생활
- 과학 6-1-4. 식물의 구조와 기능
- 실과 [6실02-01] 건강을 위한 균형잡힌 식사의 중요성과 조건을 알고 자신의 식사를 평가한다.
- 실과 [6실02-09] 환경과 위생을 고려하여 식사를 선택하는 방법을 탐색하고 실생활에 적용한다.
- 실과 [6실02-04] 다양한 식재료의 맛을 비교.분석하여 올바른 식습관 형성에 적용한다.
- 미술 [6미01-04] 이미지를 활용하여 자신의 느낌과 생각을 전달할 수 있다.
- 미술 [6미02-03] 다양한 자료를 활용하여 아이디어와 관련된 표현 내용을 구체화할 수 있다.

1~2 차시 지속가능발전목표는 무엇일까?

[적용 학년: 4~6학년]

학습목표
- 기후변화의 다양한 사례를 살펴보고, 지속가능발전목표의 실천 필요성을 알 수 있다.
- 친구들과 질문하고 대답하는 하브루타 방식으로 소통하며 모둠 활동에 적극 참여한다.
- 지속가능발전목표를 사회문화, 환경, 경제와 관련지어 분석할 수 있다.

자료
- 기후변화 위기 사진, 스마트 기기, 포스트잇, 자석판
- 지속가능발전목표 영상(예시: '지속가능발전목표 실천을 위한 주사위를 던져 볼까요?'
  https://youtu.be/oWwq1yavkkc)

이렇게 계획했어요

도입

- 기후변화로 나타난 다양한 사례 살펴보기(기후변화 위기 사진)

기후변화 위기 사진 예시

- 기후변화 위기로 나타나는 지구의 변화에 대해 이야기 나누기
  - 눈이 거의 내리지 않는 곳에서 눈이 내립니다.
  - 지구가 점점 따뜻해지고 이상기후 현상이 일어나고 있습니다.
  - 빙하가 녹아 해수면이 높아져 해안가 마을이 물에 잡깁니다.

지속가능발전교육, 어떻게 할까?

지속가능발전목표는 무엇일까?

- '지속가능발전목표' 영상을 보고 목표 알아보기(지속가능발전목표 영상)

  – 17개 목표의 내용 파악하기

  – 짝과 질문하고 대답하기

  – 17개 목표의 중심 내용 정리하기

- 지속가능발전목표 실천의 필요성 토의하기(모둠 활동)

  – 지속가능발전목표에 따른 의미와 필요성에 대해 이야기하기

  – 지속가능발전목표가 잘 실천된 후의 모습 이야기하기

- 지속가능발전목표에서 내가 실천할 수 있는 일 정하기(포스트잇, 자석판)

  – 지속가능발전목표 중에서 한 가지를 선택한 후 내가 실천할 일을 구체적으로 포스트잇에 적는다.

  – 자석판에 포스트잇을 붙이고 친구들과 실천 계획을 공유한다.

- 친구들이 적은 내용을 살펴보며 실천 의지 다지기

- 최근 기후변화로 나타나는 자연현상을 다양한 사례를 통해 알아보고, 기후변화의 심각성을 인식하도록 한다. 심각한 기후변화 위기를 극복하기 위해 전 세계가 협력 체계를 구축하고 있으며, 이러한 노력의 일환으로 지속가능발전목표가 2015년 발표되었다는 것을 학생들이 인지하고 지속가능발전목표를 알아볼 수 있도록 한다.

> **Tip**
> 수업 시간에 제시한 기후변화 사진 자료는 학급 환경판에 게시하여 기후변화의 심각성을 인식하는 시각적 게시물로 활용한다.

학급게시판에 게시한 기후변화 사진 자료

• 지속가능발전목표 설명 영상을 보면서 구체적인 목표를 알아보고, 사회문화, 환경, 경제 영역
의 목표가 달성하고자 하는 의미를 이해한다. 영상을 시청한 후 알게 된 내용을 중심으로 짝
질문하기 활동으로 내용을 확인한다.

Tip

거꾸로학습으로 영상 자료를 미리 보고 와서 질문을 만들어 수업 시간에 짝 대화를 나누는 방법도 있다. 지속가
능발전목표란 용어가 학생들에게 생소하기 때문에 개인별로 스마트 기기에 교사가 미리 탑재해 놓은 영상을 시
청한 후 지속가능발전목표를 알아보는 것이 효과적이다.

• 지속가능발전목표는 '지속가능한 발전'을 위한 국제적 약속이다. 지속가능발전목표가 바라는
지구(세계)의 모습은 어떤 모습일지 학생들이 모둠 토의 활동을 한다. 환경 보전만 생각하는
범주에서 전 세계 모두가 함께 살아가는 파트너십을 바탕으로 지구촌 평화까지도 생각할 수
있도록 한다.

• 지속가능발전목표 중에서 학생들이 가정이나 학교에서 실천할 수 있는 목표를 정해 구체적
인 행동을 포스트잇에 적도록 한다. 학생들은 그동안 환경 보전을 위해 실천했던 것들을 생각
해 보고, 더 넓은 개념의 지속가능발전목표와 연결지어 자신의 실천 목표를 기록한다.

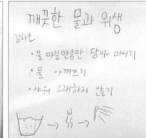

학생들이 작성한 지속가능발전목표 실천 행동

자석판에 학생들의 실천 계획을 붙인 후 친구들의 계획과 자신의 계획을 비교해 보고, 꾸준히 관심을 두고 실천
할 수 있도록 한다.

정리

• 지속가능발전목표의 실현을 위해 우리가 일상생활에서 꾸준히 참여하는 것이 무엇보다 중요
함을 인식시킨다.

'지속가능한 발전'이란 용어는 1987년 환경과 개발에 관한 세계위원회에서 처음 사용한 개념
이다. "미래 세대의 필요를 저해하지 않으면서 현재 세대의 필요를 충족하는 발전"이라고 정의
내렸다. 사회와 경제의 발전과 더불어 환경보호를 함께 이루는 미래지향적 발전을 의미한다.
지속가능한 발전을 달성하기 위해 전 세계 유엔 회원 국가들이 2015년 9월 합의한 것이 바로
지속가능발전목표이다. 2030년까지 모든 국가가 이 약속을 지키기 위해 함께 노력한다면 우
리 지구는 지속가능한 발전을 이룰 수 있을 것이다.

지속가능발전목표

지속가능발전목표(SDGs: Sustainable Development Goals)는 '지속가능한 발전'을 위한 국제적인 약속이다. 모두 17개의 목표로 되어 있으며, 각각의 목표는 세부 목표를 가지고 있다. 지속가능발전 포털(ncsd.go.kr)에서 유엔 지속가능발전목표와 국가 지속가능발전목표를 확인할 수 있다.

목표 1.
모든 곳에서 모든 형태의 빈곤 종식

목표 2.
기아 종식, 식량 안보와 개선된 영양 상태의 달성, 지속 가능한 농업 강화

목표 3.
모든 연령층을 위한 건강한 삶 보장과 복지 증진

목표 4.
모두를 위한 포용적이고 공평한 양질의 교육 보장 및 평생 학습 기회 증진

목표 5.
성평등 달성과 모든 여성 및 여아의 권익 신장

목표 6.
모두를 위한 물과 위생의 이용가능성과 지속가능한 관리 보장

목표 7.
적정한 가격에 신뢰할 수 있고 지속가능한 현대적인 에너지에 대한 접근 보장

목표 8.
포용적이고 지속가능한 경제성장, 완전하고 생산적인 고용과 모두를 위한 양질의 일자리 증진

목표 9.
회복력 있는 사회기반시설 구축, 포용적이고 지속가능한 산업화 증진과 혁신 도모

목표 10.
국내 및 국가 간 불평등 감소

목표 11.
포용적이고 안전하며 회복력 있고 지속가능한 도시와 주거지 조성

목표 12.
지속가능한 소비와 생산 양식의 보장

목표 13.
기후변화와 그로 인한 영향에 맞서기 위한 긴급 대응

목표 14.
지속가능발전을 위한 대양, 바다, 해양 자원의 보전과 지속가능한 이용

목표 15.
육상 생태계의 지속가능한 보호·복원·증진, 숲의 지속가능한 관리, 사막화 방지, 토지 황폐화의 중지와 회복, 생물다양성 손실 중지

목표 16.
지속가능발전을 위한 평화롭고 포용적인 사회 증진, 모두에게 정의를 보장, 모든 수준에서 효과적이며 책임감 있고 포용적인 제도 구축

목표 17.
이행 수단 강화와 지속가능발전을 위한 글로벌 파트너십의 활성화

3~4 차시 | 줄이면 보입니다 (1)

학습목표	• 기후변화 위기를 극복하기 위해 우리가 할 수 있는 일을 설명할 수 있다. • 줄이기 위한 약속을 지키려는 실천 의지를 갖는다. • 줄이면 보이는 것을 사회문화, 환경, 경제와 관련지어 찾아 표현할 수 있다.
자료	• 도화지(A4, 8절지), 색연필 또는 사인펜, 카드게임(배드코이) • 재활용 관련 공익광고 영상(예시: '쓰레기도 족보가 있다' https://youtu.be/ELTbvTLmnCU)

이렇게 계획했어요

도입

• 재활용 관련 공익광고 영상 시청하기

  – 어떤 일이 일어나고 있나요?

  – 영상을 보고 알 수 있는 것은 무엇인가요?

• 우리 주변에서 재활용, 재사용되고 있는 사례 이야기하기

  – 플라스틱 페트병에 쌀을 담아 보관한다.

  – 우유팩을 모아 재활용한다.

배움 주제

'줄이면 보입니다'를 표현해 봅시다.

전개

• '줄이면 보입니다'의 의미 생각하기

  – 줄이면 보일 수 있는 것들을 우리 주변에서 찾아보기

  – 사회문화, 환경, 경제와 관련된 부분 생각하기

> **Tip**
> 브레인스토밍으로 최대한 다양한 생각을 자유롭게 이야기할 수 있도록 한다.

• '줄이면 보입니다'에 대한 자신의 생각 나누기

  – 줄이면 보이는 것에 대해 의견과 까닭을 들어 모둠 친구들과 이야기하기

· 전쟁을 줄이면 평화가 보입니다.

· 플라스틱을 줄이면 깨끗한 바다가 보입니다.

· 종이 사용을 줄이면 숲이 보입니다.

· 소비를 줄이면 용돈이 보입니다.

• '줄이면 보입니다' 표현하기

  – 내용에 어울리는 글과 그림으로 표현하기

Tip

그림보다는 줄이면 보이는 것에 대한 의미가 중요함을 강조하고 먼저 끝난 학생들은 배드코이 카드게임을 할 수 있도록 한다.

정리

• '줄이면 보입니다' 작품 공유하기

  – 자신이 표현한 작품에 대해 설명하고, 친구의 작품을 보고 느낌 나누기

이렇게 진행했어요

도입

• 재활용 관련 공익광고 영상을 보고 우리 주변에 관심을 갖도록 유도한다. 캔, 플라스틱, 우유 갑의 변화를 보면서 쓰레기가 재활용되어 새롭게 바뀌는 것을 알게 하며 학습 의욕을 자극한 다. 생활 속에서 오래 쓸 수 있는 것, 줄이면 볼 수 있는 것, 나누어 쓸 수 있는 것들을 떠올린 다. 수업 자료는 가정, 학교, 지역, 우리나라, 세계로 확장해 간다.

전개

• '줄이면 보입니다'를 주제로 학생들이 다양한 생각을 꺼낼 수 있도록 허용적인 분위기를 조성 한다. 사회문화, 환경, 경제의 모든 분야에서 학생들이 모둠 친구들의 이야기를 듣고 자기 의 견을 적극적으로 표현하는 활동 속에서 배움이 일어나게 된다.

• '줄이면 보입니다'에 대한 생각을 정리하여 글과 그림으로 표현해 보는 활동을 한다. 종이의 크기는 8절 도화지보다는 A4 도화지를 추천한다. 그림으로 표현하는 시간보다 학생들의 생

각을 효과적으로 전달할 수 있는 방법에 초점을 두고 지도하는 것이 좋다. 기발한 생각을 한 학생이 그림으로 표현하는 것을 어려워할 경우는 글로만 표현해도 무방하다. 다음은 학생들의 예시 작품으로 실천적 감성을 자극하기에 충분하다.

'줄이면 보입니다' 학생 작품

> **Tip**
> 다른 학급, 학년도 '줄이면 보입니다' 캠페인에 참여할 수 있도록 학생 이동이 많은 복도나 급식실 통로에 게시하여 전교생의 참여를 유도한다.

• 표현 활동이라 학생들의 개인차가 있으므로 평소 교실에 배치해 놓은 환경 교구를 선택 활동으로 전개한다. 배드코라는 게임은 이산화탄소를 발생시키는 행동은 (+) 점수, 이산화탄소를 감소시키는 행동은 (−) 점수로 나타낸 카드로 하는 수 계산 놀이활동이다. 기후변화에 대응하는 방법과 기후변화를 막기 위한 요인도 함께 학습할 수 있는 게임이다. 다른 친구들의 활동에 방해가 되지 않게 할 수 있는 간단한 게임이므로 학급에서 활용하면 좋다.

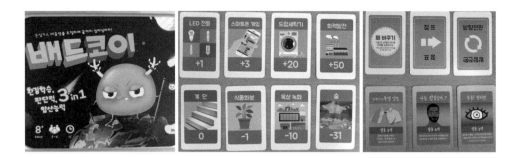

Tip

배드코이 점수 계산 보드판은 http://stuckyidesign.tistory.com에서 구매할 수 있다.

정리

• '줄이면 보입니다' 작품을 감상하며 정보를 시각적으로 표현한 부분을 찾아본 후, 친구의 작품을 보면서 새롭게 알게 되거나 함께 실천하고 싶은 부분을 말하고 마무리한다.

5~6
차시
우리 집 식탁, 넌 어디서 왔니?

[적용 학년: 4~6학년]

학습목표
- 식품의 원산지별 식품 이동 거리와 이산화탄소 발생량의 관계를 이해한다.
- 식품의 세계화로 인한 문제점을 해결하고, 로컬푸드 운동에 참여하려는 태도를 갖는다.
- 식품의 세계화로 인한 식생활이 지구의 기후변화에 미치는 영향을 설명할 수 있다.

자료
- 우리 집 저녁 식탁 활동지(사전 안내), 스마트 기기, 도화지, 색연필, 사인펜, 포스트잇
- 탄소발자국 영상(https://youtu.be/3GlURAJmr3o)
- 스마트 그린푸드 누리집(http://www.smartgreenfood.org)

이렇게 계획했어요

도입

- 우리 집 저녁 식탁에 대해 이야기하기
  - 지난 일주일 동안 저녁 식사 때 먹은 음식 중에서 좋아하는 음식에 대해 이야기하기
  - 가정에서 식품을 구입하는 방법에 대해 이야기하기
- 우리가 먹은 음식의 재료는 어디에서 왔는지 원산지를 생각해 보기

> **Tip**
> 가정에서 식사할 때 사용된 음식 재료에 관심을 갖고 사전에 조사하도록 안내한다.

배움 주제

우리 집 식탁의 탄소발자국을 줄이는 방법은 무엇일까?

전개

- 우리 집 식탁 활동지를 보면서 여러 나라에서 온 음식의 재료 찾아보기(모둠 활동)
  - 우리 집 식탁 소개하기
  - 여러 나라에서 온 음식의 재료가 장거리 이동하면서 생기는 문제점 알아보기
- 푸드마일리지와 탄소발자국에 대해 알아보기(탄소발자국 영상, 스마트 그린푸드 누리집)
  - 우리 집 저녁 식탁에서 다른 나라에서 온 음식 재료 찾아보기
  - 탄소발자국 알아보기(스마트 기기)

– 푸드마일리지 알아보기

• 탄소발자국을 줄이기 위한 방법 이야기하기

  – 로컬푸드 매장에서 우리 지역 농산물을 이용한다.

  – 포장지의 원산지 살펴보고 선택한다.

  – 텃밭에서 재배해서 먹는다.

• 탄소발자국을 줄이는 식탁 꾸미기(모둠 활동)

  – 우리 지역에서 생산되는 농산물 살펴보기

  – 모둠별로 식탁 꾸미기

  – 꾸민 식탁에 대해 발표하고 의견 나누기

> **Tip**
> 5~6학년은 실과 과목과 연계하여 음식 만들기 실습을 진행할 수 있다.

정리

• 탄소발자국을 줄이기 위해 가정에서 꾸준히 실천하기

  – 우리 가족이 탄소발자국을 줄이기 위해 실천한 식탁을 SNS에 올리기

이렇게 진행했어요

도입

• 도입에서는 지난 일주일 동안 집에서 먹은 저녁 식사에 대해 이야기를 나누기 위해 사전에 활동지를 배부하고, 가정과 연계해 학습을 진행한다. 학생들이 음식의 이산화탄소 배출량, 탄소발자국에 대한 의미를 생활 속에서 찾게 하려면 가정에서 식품 재료의 구입 방법과 구입한 재료의 포장지에 관심을 갖고 미리 배부한 활동지에 기록하도록 안내한다.

#2 너는 어디서 왔니?
  우리 집에서 즐겨 먹는 음식 재료가 어디에서 왔는지 살펴보고,
  우리의 선택이 어떻게 지구를 살리는데 도움이 되는지 알아볼 예정입니다.

#3 최고의 채식 실천 요리비법, 한 그릇 음식 만들기
  탄소발자국이 적게 발생 되는 지역농산물 위주로 구입하여,
  우리 친구들이 직접 식재료를 3~4가지 선택하고(학교에서 가정으로 가져갈 예정)
  가져간 식재료를 활용하여 각 가정에서 채식 음식을 만들어 먹을 예정입니다.

이렇게 도와주세요

◆ 7월 16일(금)~18일(일)
  '너는 어디서 왔니?' 음식 재료 원산지 조사학습
  아이들 혼자서는 식재료의 원산지를 찾기 어려울 수 있으니 부모님께서 도와주세요.
◆ 7월 20일(화)
  식재료 담을 그릇이나 장바구니를 보내주세요.
◆ 7월 20일(화)~ 22일(목)
  집에서 가족과 함께 맛있는 채식 요리를 만들어 먹어요.
  요리 후, 간단한 레시피와 함께 음식 사진을 찍어 학급 밴드에 올려주시면 더욱 감사드려요.
  (사진을 찍어 올리는 것은 선택사항이니 너무 부담 갖지 않으셔도 됩니다.
  맛있게 만들어서 먹고 우리 지역 농산물로 채식의 즐거움을 느끼는 것이 더 중요해요^^)

'우리 집 저녁 식탁' 활동 관련 안내장

전개

• 학생들의 활동지를 활용한다. 우리 집 저녁 식탁 활동지에 그림이나 글로 먹은 음식을 표현하도록 한다. 음식은 재료 한 가지만으로 이루어지지 않으므로 주재료를 중심으로 기록하도록 한다. 가정에서 먹은 음식을 소개할 때 음식 재료 원산지를 자연스럽게 살펴보고, 음식 재료가 여러 나라에서 이동해 올 때 발생할 수 있는 문제점을 생각하도록 한다.

우리 집 저녁 식탁 모둠 활동

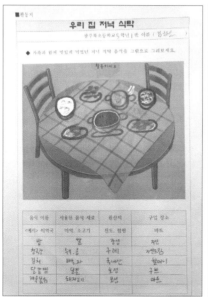 

우리 집 저녁 식탁 활동지

• 여러 나라에서 온 음식의 재료가 장거리 이동하면서 생길 수 있는 문제점을 학생들이 말할 때 최대한 수용한다. 식품의 운송으로 인한 이산화탄소 발생량이 공기 중에 많아진다는 사실을 유도하고, 이산화탄소 증가가 지구온난화를 부추긴다는 사실을 인지하도록 한다.

다른 나라에서 생산된 음식의 재료들이 운송 수단을 이용해 우리나라에 오기 때문에 이산화탄소 발생량이 많아지는 것을 탄소발자국과 자연스럽게 연결한다. 또한 그 지역에서 생산된 식재료와 비교해 먼 나라에서 온 먹거리는 상하지 않게 옮기려고 방부제도 쓰고, 냉방차일 때는 냉방 연료가 필요하며, 먼 거리를 이동하는 동안 상하지 않도록 포장하면서 생겨나는 쓰레기도 문제임을 인식하도록 유도한다. 학생들은 푸드마일리지가 짧은 식품을 찾아 먹는 것이 좋겠다는 생각을 자연스럽게 갖게 된다.

• 탄소발자국과 푸드마일리지의 개념은 학생들의 이해를 돕기 위해 자료를 교사가 추가적으로 준비해 제시하는 것이 효과적이다. 탄소발자국은 제품을 생산하는 데 있어서 모든 과정에서 배출되는 탄소의 양을 나타낸다.

　학생들의 수준을 고려해 직접 푸드마일리지를 계산해 보는 활동을 하거나 스마트 그린푸드 누리집을 활용해 수입 농산물의 탄소 배출량을 쉽게 비교할 수도 있다. 수입하는 농산물의 양과 이동 거리를 살펴보도록 관점을 제시한다.

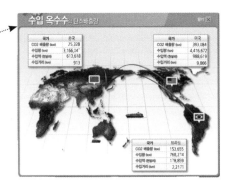

스마트 그린푸드 누리집에서 확인한 수입 옥수수의 탄소 배출량(생활 속의 탄소 이야기>농산물 수입과 탄소)

다음은 쌀을 수입할 경우 탄소 배출량을 비교한 표이다.

국가	이산화탄소 배출량(t)	수입량(t)	수입 거리(km)
중국	1271	158936	913
미국	6289	70661	9866
태국	1581	35143	4895

푸드마일리지는 음식이 우리 입에 들어오기까지 이동한 총 거리를 말한다. 푸드마일리지는 t·km라는 단위를 사용하고 있다. 푸드마일리지 산출식은 다음과 같다.

$$푸드마일리지(t·km) = 식품 수송량(ton) × 식품 수송 거리(km)$$

푸드마일리지는 식재료의 무게가 무거울수록, 이동한 거리가 길수록 커진다. 수입 농산물과 같이 푸드마일리지가 긴 식품은 먼 거리에서 장기간 신선하게 소비자에게 전달하기 위해 방부제, 색료 등 인공 첨가물들이 사용되어 우리의 건강에 좋지 않은 영향을 줄 수 있다. 무엇보다 심각한 문제는 유통 과정에서 많은 양의 이산화탄소를 배출해 지구온난화를 부추기고 기후변화를 촉진하는 것이다. 따라서 푸드마일리지는 일반 마일리지의 개념과는 반대로 적을수록 좋은 것이다.

• 안전하면서도 맛있는 식재료로 지구에 해를 끼치지 않는 방법을 이야기한 후 모둠별로 탄소발자국을 줄이는 식탁 꾸미기 활동을 한다. 학생들은 푸드마일리지가 긴 식재료의 문제점 알아보기를 통해 우리 지역에서 생산되는 농산물을 이용해 식탁 꾸미기를 하고, 음식의 종류가 적어지는 것을 볼 수 있었다. 학생들의 수준과 성향을 고려해 두 가지 방법으로 식탁 꾸미기를 전개할 수 있다. 먼저 모둠 친구들과 만들고 싶은 음식을 선택해 자유롭게 찾아보고, 그 음식을 그림으로 표현해 식탁 꾸미기 활동을 한다.

식탁 꾸미기 활동

Tip
학생들이 탄소발자국을 줄이기 위해 우리 지역에서 생산되는 농산물과 재료를 검색하고자 할 때는 스마트 기기를 활용할 수 있도록 미리 준비해 놓는다.

다른 방법으로 스마트 그린푸드 누리집을 활용하여 내가 원하는 음식의 탄소발자국을 비교해 보면서 스마트 기기에서 식탁을 꾸밀 수도 있다. 학생들은 식탁을 차리고 난 뒤 음식 종류별 탄소발자국을 비교하면서 자연스럽게 탄소발자국이 낮은 음식을 알게 된다.

스마트 그린푸드 누리집에서 식탁 차리기(생활 속의 탄소 이야기>밥상의 탄소발자국)

정리

• 정리에서는 우리가 평소 먹는 음식을 통해 지역 경제를 살리고, 우리 몸을 건강하게 하는 지역 농산물을 이용하려면 가정에서의 꾸준한 실천이 중요하므로 스스로 실천하려는 의지를 표현하고 수업을 마무리한다.

Tip

학생들의 실천 내용을 나눈 후 지속가능발전목표 2와 연결지어 기아 해결을 언급한다. 현재 지구에서 생산되는 식량은 120억 명이 먹고 살 수 있는 정도의 양인데 세계 인구 65억 명 중 10억 명 정도가 굶주리고 있는 상황을 언급하면서 경제적인 어려움 때문에 먹거리를 제공받아야 하는 사람들에게 건강한 먹거리를 나누어야 한다는 것을 지도한다.

저탄소 인증 제도는 저탄소 농업 기술을 사용해 농축산물 생산 전 과정에 필요한 에너지와 농자재 투입량을 줄이고, 온실가스 배출을 감축한 농축산물에 인증을 부여하는 제도이다. 저탄소 농축산물 인증 표시를 통해 온실가스 배출량을 줄이려는 소비자가 지구를 사랑하면서 안전한 먹거리를 선택할 수 있도록 돕는다.

저탄소 로고 인증

우리 집 저녁 식탁

초등학교   학년   반 이름 (   )

◆ 가족과 함께 맛있게 먹었던 저녁 식탁 음식을 그림으로 그려보세요.

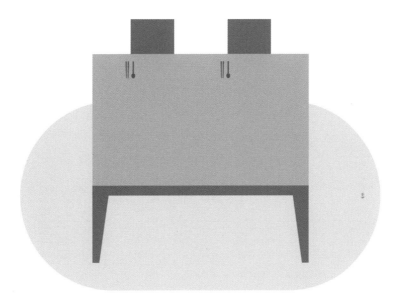

음식 이름	사용된 음식 재료	원산지	구입 장소
예 미역국	미역, 쇠고기	진도, 함평	마트

우리 집 저녁 식탁의 탄소발자국

초등학교   학년   반 이름 (   )

◆ 다음의 내용을 참고하여 우리 집 저녁 식탁의 탄소발자국을 계산해 봅시다.

밥류	쌀밥	잡곡밥	김밥	현미밥	보리밥	콩밥	비빔밥	김치볶음밥
	115g	285g	406g	160g	120g	140g	1425g	368g
국류	된장국	미역국	콩나물국	쇠고기뭇국	북엇국			
	261g	663g	182g	1841g	336g			
탕류	곰탕	육개장	갈비탕	설렁탕				
	9736g	3006g	5052g	10011g				
찌개류	된장찌개	김치찌개	청국장찌개	호박찌개	생태찌개			
	371g	487g	893g	466g	727g			
반찬류	배추김치	깍두기	콩나물	시금치나물	쇠고기장조림	고등어조림	멸치조림	콩조림
	76g	68g	61g	136g	1376g	232g	30g	170g
	닭볶음	제육볶음	불고기	고등어구이	삼겹살	마늘쫑장아찌	오징어젓	
	423g	460g	3480g	93g	248g	88g	46g	
면류	국수장국	해물칼국수	물냉면	비빔냉면	비빔국수			
	1777g	361g	2442g	1073g	1314g			
죽류	호박죽	팥죽						
	862g	480g						
채소	풋고추	상추						
	27g	19g						
과일	토마토	방울토마토	딸기	참외	수박	사과	배	복숭아
	78g	180g	86g	84g	65g	96g	169g	137g
	단감	포도						
	24g	42g						
후식	매실차	식혜						
	92g	46g						

우리 집 저녁 식탁의 탄소발자국: (   ) g

(출처: 스마트 그린푸드 누리집)

7~8 고기를 왜 덜 먹어야 할까?

[적용 학년: 4~6학년]

차시

학습목표	• 육식이 우리 생활에 미치는 영향을 이해하고 설명할 수 있다.
	• 기후변화 문제를 해결하기 위해 채식에 관심을 갖고 생활에서 꾸준히 실천한다.
	• 모둠별 토의 활동에 적극적으로 참여하고 소통할 수 있다.
자료	• 채식으로 환경 지키기 활동지(환경교육포털 자료 재구성), 채소 꼬치
	• 채식을 해야 하는 이유 관련 영상(예시: '지구가 보내는 구조 신호 SOS' https://youtu.be/OM8x6THQGwl)

이렇게 계획했어요

도입

• 좋아하는 음식에 대해 이야기하기

– 밥, 김치콩나물국밥, 김치찌개, 라면, 등갈비찜, 곱창, 스파게티, 참치마요, 불고기, 청국장, 감자전, 국수, 육회비빔밥, 무생채 등

• 좋아하는 음식을 육류와 채소류로 구분해 보기

육류	채소류
등갈비찜, 곱창, 불고기, 육회비빔밥	감자전, 무생채

배움 주제

고기를 왜 덜 먹어야 할까?

전개

• 채식을 해야 하는 이유 관련 영상 시청하기

– 짝과 질문하고 답하기(하브루타 활동)

– 소고기 1kg을 만들기 위해 필요한 물과 식량은 얼마인가요?

– 우리가 채식을 하면 어떤 효과가 있나요?

– 소고기 1kg을 만들기 위해 물 1600L와 소의 먹이 16kg이 필요하다.

– 1주일에 한 번 채식을 하면 450만 대의 승용차를 멈추는 효과가 있다.

- '육식은 줄이고, 채식은 늘리고' 카드 뉴스를 보고 주장 파악하기(활동지)
  - '육식은 줄이고, 채식은 늘리고' 카드 뉴스에서 하고 싶은 말이 무엇인지 이야기하기
  - 카드 뉴스별 주장을 뒷받침하는 근거 찾아보기

> **Tip**
> 국어 교과와 연계하여 주장하는 글을 살펴보며 주장을 뒷받침하는 근거를 찾아보는 활동으로 전개할 수 있다.

- '육식은 줄이고, 채식은 늘리고' 주장에 대해 친구들과 의견 나누기(모둠 활동)
  - 육식이 우리 생활에 미치는 영향을 중심으로 육식과 채식에 대한 자신의 생각 쓰기

정리

- 새롭게 알게 된 점 나누기
- 일주일에 하루 채식 실천 서약서 작성하기
- 채식 요리 재료 나누기
  - 가족과 함께 맛있는 채식 요리를 만들어 학급 밴드에 올리기

이렇게 진행했어요

도입

- 평소 학생들이 좋아하는 음식에 대해 이야기를 나누어 본다. 학생들의 이야기를 자연스럽게 판서한 후 육류와 채소류를 구분해 본다. 학생들이 좋아하는 음식이 육식에 치중된 것을 느끼게 하고, 채식의 필요성을 인식하게 한다.

전개

- 육식이 기후변화에 미치는 영향, 우리가 채식을 해야 하는 이유에 관한 영상을 보고 짝과 질문하기를 통해 내용을 파악하도록 한다.
  - 소와 돼지를 키울 때 나오는 가스는 무엇인가요?
  - 일주일에 한 번 채식을 하면 자동차 몇 대를 멈추는 효과가 있나요?
  - 고기를 대체할 수 있는 식품으로는 어떤 것들이 있나요?
- '육식은 줄이고, 채식은 늘리고' 카드 뉴스를 보고 주장을 파악할 때는 주장을 뒷받침하는 근

거를 찾을 수 있어야 한다. 학생들에게 육식을 줄이고 채식을 늘려야 하는 이유를 합리적으로 생각할 수 있도록 충분한 시간을 주고, 친구들과 의견을 나누도록 한다. 학생 자신의 경험과 직관에 의존해 의견을 제시하기보다 자료를 찾아 의견을 뒷받침할 수 있도록 한다.

Tip

육식은 줄이고 채식은 늘리자는 주장에 대해 고기를 좋아하는 학생들이 채식에 대해 부정적인 생각을 갖지 않도록 수용적인 자세로 의견을 나누도록 하고, 다양한 의견이 있을 경우 찬반토론으로 진행해 볼 수 있다. 이때 교사의 개입은 최소화한다.

• 친구들과 의견을 나눈 후 '육식은 줄이고, 채식은 늘리고'라는 주장에 대해 자신의 의견을 글로 쓰면서 채식에 대한 생각을 정리한다.

– 요즘에는 많은 사람이 채식보다는 육식을 선호한다. 육식은 맛은 있지만 우리 건강과 환경에 좋지 않다. 소와 돼지를 키울 때 나오는 메탄이 이산화탄소의 20배에 해당하는 온실효과를 일으키기 때문이다. 소비자들이 채식을 선호하게 되면 생산자들은 육류보다는 채소와 과일류를 생산하게 되어 메탄이 줄어들게 된다. 그러므로 우리는 채식을 해야 한다.

정리

• 수업 중 육식과 채식에 대한 생각이 다양하므로 서로 의견이 충돌하는 것은 자연스러운 것이다. 교사는 채식에 대한 실천 의지를 갖게 하는 것에 초점을 두고 채식 실천 서약서를 작성할 수 있도록 안내한다. 실천 서약서 형식과 내용은 학생들이 자유롭게 작성할 수 있다.

• 학생들이 채식 요리를 직접 만들어 먹어 보는 활동을 통해 채식이 맛있다는 인식을 갖게 하기 위해 수업 후 가정과 연계 활동을 전개한다. 탄소발자국을 적게 발생하는 지역 농산물을 구입한 후 학생들이 식재료를 3~4가지 선택하여 가정으로 가져가 가족과 함께 채식 요리를 하

지역에서 생산된 채소 꾸러미

장바구니를 준비해 와 채소를 고르는 학생들

도록 한다. 간단한 레시피와 함께 음식 사진을 찍어 학급 밴드에 올려 채식 요리를 공유하도록 하였다. 학교 텃밭에서 작물을 재배하여 수확한 농작물을 가정으로 배부하면 더욱 효과가 있다.

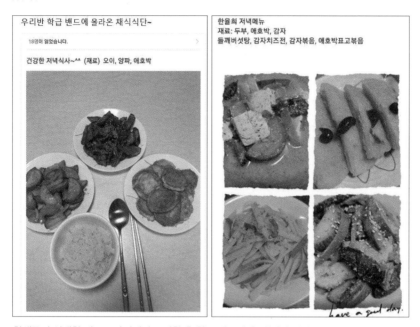

학생들이 선택한 채소로 가정에서 요리한 후 학급 밴드에 올린 채식 식단

지속가능발전교육, 어떻게 할까?

채식으로 환경 지키기

초등학교   학년   반 이름 (   )

◆ '육식은 줄이고, 채식은 늘리고' 카드 뉴스를 보고 생각해 봅시다.

(출처: 환경교육포털)

1. '육식은 줄이고, 채식은 늘리고' 주장을 뒷받침하는 근거는 무엇인가요?

_____

2. '육식은 줄이고, 채식은 늘리고' 주장을 어떻게 생각하는지 친구들과 의견을 나누어 봅시다.

3. '육식은 줄이고, 채식은 늘리고' 주장을 어떻게 생각하는지 자신의 의견을 글로 써 봅시다.

_____

_____

채식 식단 실천 서약서

초등학교   학년   반 이름 (   )

◆ 일주일에 하루 채식 식단 실천 서약서를 써 보세요.

채식 식단 실천 서약서

나 ＿＿＿＿＿＿＿ 은(는)

예) 지구를 사랑하고 환경을 보호하는 마음을 실천하기 위하여

일주일에 하루는 꼭!!

채식 식단으로＿＿＿＿＿＿＿ 먹을 것을 다짐합니다.

20 .   .   .

(출처: 스마트 그린푸드 누리집)

9~10
차시

나는야 꼬마 농부

[적용 학년: 4~6학년]

학습목표
- 도시에서 푸드마일리지를 줄일 수 있는 방법을 알 수 있다.
- 경작 활동을 통해 협동과 수확의 기쁨을 느낀다.
- 재배 활동에 직접 참여하여 친환경적인 방법으로 작물을 재배할 수 있다.

자료
- 『비빔밥 꽃 피었다』
- 스마트 기기
- 꽃 모종(다양한 야생화), 채소 씨앗, 모종, 모종삽

이렇게 계획했어요

도입

- 『비빔밥 꽃 피었다』 읽어 주기
  - 우리 주변에서 본 꽃 이야기 나누기
  - 꽃을 보며 열매 생각해 보기
  - 『비빔밥 꽃 피었다』의 일부분 읽어 주기
- 텃밭을 가꾸어 본 경험 공유하기
  - 학교 텃밭, 가족 텃밭을 가꾸어 본 경험을 나누며 직접 재배해 먹었을 때 좋은 점 이야기하기

배움 주제

학교 텃밭에 무엇을 심을까?

전개

- 키친가든 알아보기
  - 키친가든의 의미 살펴보기
  - 다른 나라의 사례 찾아보기(스마트 기기)
  - 주거지와 먹거리를 고려하면 좋은 점 토의하기
- 학교 텃밭 키친가든 계획 세우기(키친가든 설명 자료 PPT)
  - 먹거리 작물과 화훼 작물 선정하기

– 감자, 상추, 부추, 오이, 토마토, 가지, 수박, 오이고추 등

– 에키나시아, 한련화, 매리골드, 데이지, 사랑초, 초롱꽃 등

– 키친가든 배치도 구상하기

• 학교 텃밭 지킴이 활동 계획하기

– 잡초 뽑기, 물 주기 등 역할을 정해 관리하기

– 관찰일지 기록하기

정리

• 수확 후 나눔 활동 계획하기

– 재배한 작물을 수확한 다음 어떻게 사용할지 의견 나누기

– 가정으로 보내 로컬푸드 음식 만들어 먹기, 학교 급식 먹거리 제공하기, 실과 시간 음식 만들기 실습 등

• 기후변화를 줄이고 직접 재배한 먹거리의 좋은점을 생각하며 경작 다짐하기

이렇게 진행했어요

도입

• 『비빔밥 꽃 피었다』의 일부분을 읽어 주며 우리가 평소 보았던 꽃이 있는지 물어보면서 학습 흥미를 유발한다. 학생들은 꽃과 열매를 책에서 보며 신기해하고 농작물을 재배했던 경험을 떠올린다.

『비빔밥 꽃 피었다』

- 학생들에게 키친가든의 사례를 찾아본 후 학교 텃밭을 이용한 키친가든을 계획하도록 한다. 학교 텃밭이 없는 경우에는 학교 정원의 일부, 학급의 창가를 이용해 키친가든을 시도해 볼 수 있다.

> **Tip**
> 한련화는 호박, 양배추, 콩, 오이에서 나방, 딱정벌레, 날벌레, 진딧물을 쫓고 식용꽃으로 활용된다.

- 키친가든 계획 세우기는 학생들이 심고 싶은 농작물과 꽃 등을 절기에 맞게 선택하고 심을 수 있도록 4월에는 시작해야 한다.

농작물을 심고 가꾸는 학생들

> **Tip**
> 학교 텃밭 키친가든은 4월 말에 시작하면 좋다. 이 시기에는 다양한 모종을 쉽게 구할 수 있고, 서리로 인한 피해 없이 모종을 심어 수확할 수 있다. 먹거리 작물 사이사이에는 화훼 작물을 심어 먹거리와 쉼터의 의미로 텃밭 가꾸기를 시작하도록 한다.

- 학교 텃밭 지킴이 활동은 잡초 뽑기, 물 주기 등 역할을 정해 관리하고 관찰일지를 기록하여 과학 교과와 연계한다. 두 명이 한 조가 되어 돌아가면서 텃밭을 관리하게 하였더니 협동심도 기르게 되고 수시로 관찰하며 자연과 친해지는 모습도 보였다.

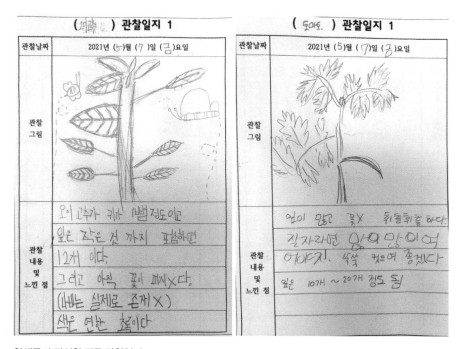

학생들이 작성한 작물 관찰일지

- 수확한 작물을 어떻게 활용할지 의논한다. 학생들이 수확한 작물을 집으로 가져가고 싶어하면 적절히 나누어 준다. 수확한 작물을 가정으로 보내면 기후변화를 줄이고 직접 재배한 먹거리에 대한 기쁨을 온 가족이 누릴 수 있다.

Tip

키친가든은 장기간의 활동으로 교사가 사전 계획을 수립하여 학생들과 하는 것이다. 건강한 식단으로 바꾸는 일을 직접 경험해 볼 수 있는 흥미로운 활동이므로 시도해 보면 좋겠다.

키친가든은 우리말로 '먹거리 정원', '채소 정원', '텃밭' 등으로 불릴 수 있으나, 조리에 이용할 먹거리를 재배하는 단순한 텃밭에서 벗어나 채소와 과수, 허브, 초화류 등을 얻을 수 있는 곳이면서 1년 내내 시각적으로 아름다운 정원을 의미한다. 신선한 먹거리를 재배하고 수확하는 즐거움과 함께 꽃의 아름다움과 생물의 다양성도 학습할 수 있다.

지속가능발전교육, 어떻게 할까?

친환경 농산물

친환경 농산물 인증 제도

친환경 농산물 인증 제도는 합성 농약, 화학 비료 등 화학 자재를 사용하지 않거나 최소한으로 사용한 농축산물임을 인증해 주는 제도이다.

종류	설명	표시
유기	3년 이상 농약과 화학 비료를 전혀 사용하지 않고 재배한 농산물, 유기 사료를 먹이고 항생제와 항균제를 사용하지 않고 사육한 축산물에 부여하는 인증 표시이다.	유기농 (ORGANIC) 농림축산식품부
무농약	합성 농약을 전혀 사용하지 않고 화학 비료는 권장 시비량의 1/3 이내를 사용하여 재배한 농산물에 부여하는 인증 표시이다.	무농약 (NON PESTICIDE) 농림축산식품부

친환경 농산물을 먹어야 하는 이유

- 토양에서의 생물적 순환과 활동을 촉진해 농업 생태계를 건강하게 보전할 수 있다.
- 친환경 농업은 미래 세대에게 건강한 지구를 물려주어 지속적인 먹거리 생산이 가능하다.
- 친환경 농산물 소비는 생태환경 보전을 위해 노력하는 친환경 농업인들에게 힘이 된다.

(출처: 국립농산물품질관리원 친환경인증관리정보시스템)

11~12
차시

줄이면 보입니다(2)

학습목표	• 기후변화 위기를 줄이기 위한 초록밥상 캠페인의 중요성을 알 수 있다. • 캠페인 홍보 작품 제작에 적극 참여하고, 실천하려는 의지를 가진다. • '초록밥상' 캠페인을 위한 홍보 작품을 만들 수 있다.
자료	• 스마트 기기 • 도화지, 사인펜, 색연필 등

이렇게 계획했어요

도입

• 기후변화 위기를 줄이기 위해 그동안 실천한 일 이야기하기

- 쓰레기 분리배출 하기

- 음식물 쓰레기 줄이기

- 로컬푸드 이용하고 채식하기

- 제철에 생산되는 채소나 과일 먹기

- 대중교통을 이용하고, 자전거 타기

- 나에게 필요하지 않은 물건 나누어 쓰기

Tip
> 학생들이 지속가능발전교육 수업을 한 후 생활 가운데 실천한 일에 대해 충분히 이야기하는 시간을 가진 다음 캠페인 계획을 세우도록 한다.

배움 주제

초록밥상 캠페인을 준비해 볼까요?

전개

• 지속가능한 지구를 위해 초록밥상 실천을 위한 캠페인 방법 토의하기 (모둠 활동)

- 건강한 지구, 건강한 몸을 지키기 위한 초록밥상 실천 홍보 방법에 대해 의견 나누기

- 채식 실천 캠페인 계획 세우기

- 초록밥상 채식 실천 캠페인을 위한 작품 제작하기(모둠 활동, 스마트 기기)

  - '육식을 줄이고 채식을 하자'는 UCC를 제작하여 공유하기

  - 포스터 홍보물을 만들어 게시하기

  - 카드 뉴스 만들어 홍보하기

> **Tip**
>
> 프로젝트 학습으로 단위 시간에는 캠페인 계획을 세우고 준비하는 활동을 중심으로 전개할 수 있다. 다른 교과 연계 및 학생들이 자유롭게 준비할 수 있도록 기간을 넉넉하게 준다.

정리

- 채식 실천 캠페인 작품 제작 활동 후 느낀 점 나누기

  - 모둠별 캠페인 작품을 보고, 느낀 점 나누기

  - 학교 및 가정에서 공유하기

이렇게 진행했어요

도입

- 지속가능발전교육을 통해 알게 된 점을 바탕으로 생활 속에서 실천한 일을 이야기한다. 학생들의 생활에서 변화된 부분을 중심으로 나누고, 친구들의 이야기를 듣고 아직 실천하지 못한 부분을 시도해 볼 수 있도록 한다.

전개

- 지구와 나의 건강을 지키는 초록밥상 캠페인 방법을 계획하도록 한다.

> **Tip**
>
> 다음과 같은 표에 캠페인 계획을 구체적으로 기록하면서 토의를 진행하는 것이 좋다.
>
> | 주제 | |
> |---|---|
> | 준비물 | |
> | 필요한 도움 | |
> | 역할 나누기 | |
> | 활동 내용
(시나리오) | |

캠페인 방법은 모둠원들과 의견을 조정하며 토의하도록 하고, 캠페인 작품 제작 기간을 충분히 주도록 한다. 교사는 필요한 스마트 기기, 준비물 등을 파악한 후 캠페인을 지원한다.

• 각 모둠별 캠페인 계획을 발표한 후, 학생들 서로 의견을 나누면서 캠페인의 의도와 방법을 구체화한다. 학생들이 홍보물을 제작할 수 있는 기간을 충분히 주고 중간 점검을 한다.

Tip
학생들은 UCC 제작을 주로 계획하는데, 이때 교사가 시나리오를 미리 살펴보고 진행하도록 하면 학생들이 방향성을 잡는 데 도움을 줄 수 있다.

정리

• 제작한 홍보물을 가정과 다른 학년에 공유하여 채식을 실천하는 데 꾸준한 관심을 갖도록 한다. 제작하면서 느낀 점을 나누고 그동안의 노력에 대해 칭찬을 아끼지 않는다.

학생들이 제작한 영상의 일부

지속가능발전교육, 어떻게 할까?

제로 웨이스트! 자원 순환

주제 개관

매일매일 생기는 쓰레기, 먹고 남은 음식물 쓰레기, 우리가 쓰다 버린 종이와 물건들은 어디로 갈까? 우리 삶의 터전인 지구를 위해 우리는 어떻게 해야 할까?

본 수업 모듈은 쓰레기가 어디에서 와서 어디로 가는지를 '쓰레기 여행'으로 표현하였으며, 우리가 생산하는 쓰레기가 처리되는 과정, 즉 매립과 소각, 재활용(재사용)을 이해하고 쓰레기의 올바른 분리배출 방법을 익혀 자원 순환을 실천하고자 한다. 또 우리 지역의 쓰레기 실태를 알아보고 해결 방안을 찾아보면서 쓰레기의 바른 처리와 올바른 분리배출도 중요하지만 무엇보다도 쓰레기를 발생시키지 않는 소비생활의 필요성을 스스로 깨닫게 한다. 생활 속에서 쓰레기를 최소화하고 분리배출 및 수거와 재활용(재사용)이 잘 이루어지면 쓰레기도 자원이 되어 다시 순환할 수 있다는 것을 경험할 수 있도록 수업의 흐름을 구성하였다. 이는 자원 순환의 확장된 개념으로 볼 때 폐기물이 덜 발생하도록 하고 상품을 만들기 위해 투입된 원료가 상품의 수명이 끝난 뒤 다시 다른 상품으로 거듭나도록 순환이 이루어지는 시스템을 개개인이 습관화함을 의미한다. 또 학교 안에서의 배움과 실천을 넘어 가정과의 연계를 통해 시민으로서 실천을 강조하였다.

특히 쓰레기 문제 이면에 감춰진 평등과 인권에 대해서도 알아보았다. 쓰레기 문제와 관련하여 환경적·경제적 영역뿐만 아니라 깨끗한 환경의 혜택과 환경 문제가 누구에게나 공정하게 돌아가야 하는 환경 정의의 관점에서 지도하고자 한다. 이러한 배움 속에서 환경 정의를 인식하고 행동하는 세계시민 역량을 신장함으로써 기후시민으로 자라나기를 기대한다.

차시	주제명	주요 활동 내용	교수·학습 방법
1~2	쓰레기의 여행	• 쓰레기는 어디에서 왔을까? • 쓰레기는 어디로 갈까? • 묻거나, 태우거나, 다시 쓰거나 • 올바른 쓰레기 분리배출 방법을 알고 실천하기	개념학습
3~5	우리 지역의 쓰레기	• 우리 동네의 쓰레기 실태 알아보기 • 우리 지역에서 쓰레기 배출과 처리 과정 알아보기 • 쓰레기 배출과 처리 과정에서의 문제점 • 해결 방법 생각해 보기	문제해결학습 (조사, 토의) *현장체험학습
6	쓰레기의 비밀	• 쓰레기 더미 속 불평등 살펴보기 • 쓰레기 문제와 인권 생각하기 • 쓰레기는 zero, 공동체는 up: 자연, 사람, 사회는 연결된 고리로 어깨동무!	탐구학습
7~8	내가 조금 불편하면 세상은 초록이 돼요	• 환경 이야기 책을 읽고, 질문 만들어 답하기 • 나의 생활 되돌아보기 • challenge30 계획하기(우유갑 모으기) • 대한민국의 그레타툰베리 선언하기	스토리 활용
9~10	나도 '제로 웨이스트' 실천가	• 우리 집에서 가장 오래 사용한 물건 소개하기 • 제로 웨이스트 실천 방법: 5R 알아보기 • 제로 웨이스트 실천 및 공유하기 • 실천 소감 나누기	체험, 실습

관련 교과

• 국어 4-1-4. 일에 대한 의견
• 도덕 6-2. 작은 손길이 모여 따뜻해지는 세상, 4 공정한 생활, 6. 함께 살아가는 지구촌
• 사회 4-1-3. 지역의 공공기관과 주민 참여
• 사회 4-2-1. 촌락과 도시의 생활 모습, 2. 필요한 것의 생산과 교환
• 사회 5-1-1. 국토와 우리 생활, 2. 정의로운 사회
• 사회 6-1-2. 우리나라의 정치 발전, 3. 우리나라의 경제 발전
• 사회 6-2-2. 통일 한국의 미래와 지구촌의 평화
• 과학 5-2-2. 생물과 환경
• 실과 [6실03-03] 용돈 관리의 필요성을 알고 자신의 필요와 욕구를 고려한 합리적인 소비생활 방법을 탐색하여 실생활에 적용한다.
• 실과 [6실03-04] 쾌적한 생활공간 관리의 필요성을 환경과 관련지어 이해하고 올바른 관리 방법을 계획하여 실천한다.

1~2 차시 쓰레기의 여행

[적용 학년: 3~6학년]

학습목표	• 쓰레기를 올바르게 처리하는 방법을 말할 수 있다. • 쓰레기 분리배출에 적극적으로 참여할 수 있다. • 쓰레기를 분리배출 방법에 따라 분리배출 할 수 있다.
자료	• 쓰레기섬, 매립장과 소각장 등 사진 자료, 일상생활에서 발생하는 쓰레기, 분리배출함, 포스트잇 • 쓰레기섬 영상(https://youtu.be/34Ef_HgqlfM), • 쓰레기섬, 산, 공간 영상(https://youtu.be/Xpb83BAcaU8), • 올바른 쓰레기 분리배출 영상(https://youtu.be/fQXnmyshpFA)

이렇게 계획했어요

도입

• 사진을 보고 무엇인지 이야기하기(쓰레기섬 사진 자료)

– 해류로 인해 주변 국가들의 쓰레기가 한곳에 모여 이루어진 섬이다.

• 쓰레기섬의 쓰레기는 어디에서 왔는지 생각해 보기(쓰레기섬 영상)

– 태평양 주변 나라에서 온 것이다.

– 우리가 버린 쓰레기가 모인 것이다.

배움 주제

쓰레기를 올바르게 처리하는 방법을 알아봅시다.

전개

• 쓰레기는 어디로 가는지 알아보기

– 우리가 버리는 쓰레기가 어디로 갔을지 생각해 보기

• 묻거나, 태우거나, 다시 쓰거나

– 쓰레기가 처리되는 사례 알아보기

– 쓰레기의 매립과 소각, 재활용에 대해 내용 확인하기(쓰레기섬, 산, 공간 영상)

– 지속가능한 미래를 위한 쓰레기 처리 방법 생각해 보기

- 올바른 쓰레기 분리배출 방법을 알고 실천하기
  - 올바른 쓰레기 분리배출 방법 알아보기(올바른 쓰레기 분리배출 영상)
  - 생활 속 쓰레기 분류해 보기
  - 가정에서 쓰레기 분리배출 실천하기

정리

- 오늘 배움 정리하기
  - 새로 알게 된 점 또는 느낀 점, 분리배출 한 소감 등을 이야기하기

이렇게 진행했어요

도입

- '쓰레기섬' 사진을 보여 준 후 학생들에게 무엇인지 질문한다. 해양수산부 영상 자료를 보며 태평양에 있는 쓰레기섬이었음을 확인한다. 영상 자료를 통해 쓰레기섬의 쓰레기는 주변 여러 나라의 쓰레기들이 해류에 의해 몰려든 것임을 알게 한다. 결국 우리가 버리는 쓰레기들로 태평양 쓰레기섬뿐만 아니라 다른 해양에도 쓰레기섬이 만들어지고 있음을 이야기한다.

태평양의 쓰레기섬(출처: 유튜브 해양수산부 어서오션TV)

전개

- 우리가 버리는 쓰레기가 처리되는 사례를 영상 자료를 통해 알아본 후 지속가능한 미래를 위해 쓰레기를 어떻게 처리해야 하는지 이야기 나눈다.
  - 쓰레기도 자원이 될 수 있음을 알고 올바른 분리배출을 통해 매립, 소각이 아닌 다시 쓸 수 있는 자원으로 탄생할 수 있도록 실천 동기를 부여한다.

지속가능발전교육, 어떻게 할까?

– 올바른 쓰레기 분리배출 영상을 통해 분리배출 하는 쓰레기 종류와 올바른 분리배출 방법을 알아본 후 학급 또는 가정에서 쉽게 접하는 생활 쓰레기를 모아 실제 쓰레기 분리배출을 실습한다.

Tip

실제 학교나 가정에서 1~2주 동안 종류별로 분리배출 할 수 있는 생활 쓰레기를 수집하여 분리배출을 실습하는 것이 가장 배움 효과가 뛰어나지만, 위생·안전상의 우려 또는 학급 실정에 따라 활동지로 대신할 수 있다.

학급 분리배출함 마련

쓰레기 분리배출 실습

정리

• 배움을 통해 알게 된 점 또는 느낀 점, 생각을 발표하는 마무리 활동을 할 수 있다. 그 외에 쓰레기 분리배출 퀴즈를 통해 정리할 수도 있다. 배움이 가정이나 학생들의 삶으로 연계될 수 있도록 실천한 내용을 학급 누리집이나 SNS 소통방을 통해 공유하여 실천을 생활화하도록 한다.

Tip

쓰레기 분리배출은 소비 후의 실천 행동이다. 아무리 분리배출을 잘하더라도 재사용과 재활용하기 위해 처리하는 과정에서 또 다른 에너지와 자원이 사용되므로 쓰레기 발생을 최소한으로 하는 소비를 실천하는 것이 선행되어야 할 것이다. 학생들에게 쓰레기 분리배출을 실천하는 것도 좋지만 불필요한 물건을 사지 않고 오래 사용하는 등의 지구를 지키는 소비 습관 형성을 강조하고 배움을 정리한다.

학급 소통방 분리배출 실천 인증

분리배출 하는 쓰레기의 종류와 방법

종류	배출 방법
무색페트	내용물을 비우고, 부착 상표를 제거한 후 찌그러트려 뚜껑을 닫고 배출한다. 일반 페트는 플라스틱과 함께 배출한다.
플라스틱	내용물을 비우고, 부착 상표를 제거한다. 펌프(스프링) 등 다른 재질로 된 부분은 제거하여 배출한다. 여러 재질이 섞인 경우, 이물질이 많이 묻은 경우에는 일반 쓰레기로 배출한다.
비닐류	내용물을 비우고, 흩날리지 않도록 봉투에 담아 배출한다. 이물질이 많이 묻은 경우에는 일반 쓰레기로 배출한다.
캔류	내용물을 비우고, 찌그러트려 배출한다. 연료통, 스프레이류 등은 환기가 잘 되는 곳에서 구멍을 뚫어 가스를 빼고 배출한다.
종이	택배 박스는 송장, 테이프 등 이물질을 제거한 후 접어서 배출한다. 책, 노트 등의 스프링과 전단지 등 코팅된 종이는 일반 쓰레기로 배출한다.
일반팩	내용물을 비우고, 빨대, 비닐 등 다른 재질로 된 부분은 제거하여 종이팩 전용 수거함에 배출한다. 종이팩 전용 수거함이 없는 경우에는 종이와 구분하기 쉽게 따로 묶어 배출한다.
유리	유리병(음료수병, 주류병 등)에 이물질을 넣지 않고 배출한다. 유리 그릇, 도자기류 등은 일반 쓰레기로 배출하거나 전용 마대에 담아 배출한다.

지속가능발전교육, 어떻게 할까?

3~5 우리 지역의 쓰레기

차시

[적용 학년: 4~6학년]

학습목표	• 우리 지역의 쓰레기 실태를 알아보고, 문제점을 말할 수 있다.
	• 우리 지역 쓰레기 문제를 해결하기 위해 내가 할 수 있는 일을 실천하려는 태도를 기른다.
	• 우리 지역의 쓰레기 문제를 해결할 수 있는 방안을 찾을 수 있다.

자료	• 우리 동네 지도, 스티커, 카메라
	• 스마트 기기
	• 보드판, 보드마카

이렇게 계획했어요

도입

• 우리 지역(동네)에서 쓰레기는 잘 처리되고 있을까요?

- 등·하굣길에 우리 동네 곳곳의 쓰레기를 접한 경험 이야기하기

- 우리 집(우리 아파트 또는 주택)에서 쓰레기를 어떻게 처리하는지 이야기하기

배움 주제

우리 지역의 쓰레기 문제를 알아보고, 해결 방안을 찾아봅시다.

전개

• 우리 동네의 쓰레기 실태 살펴보기(모둠 활동)

- 답사 계획 세우기

- 우리 동네를 실제로 돌아보면서 쓰레기가 많이 버려진 장소를 동네 지도에 표시하기

- 우리 동네의 쓰레기 실태 사진을 찍어 공유하기

• 우리 지역의 쓰레기 처리 과정 알아보기(스마트 기기, 우리 지역 쓰레기 전문가 멘토 학습)

- 스마트 기기를 활용하여 우리 지역의 쓰레기 처리 과정 조사하기

- 일반 쓰레기, 음식물 쓰레기, 재활용 쓰레기 등으로 나누어 조사한 후 전문가 학습으로 서로 조사한 내용 공유하기

- 쓰레기 배출과 처리 과정에서의 문제점 찾아보기
  - 우리 지역의 쓰레기 배출 실태와 처리 과정에서의 문제점 찾아보기
- 쓰레기 문제 해결 방안 생각해 보기(모둠 활동)
  - 우리 지역의 쓰레기 문제를 해결하기 위해 어떻게 해야 하는지 모둠별로 해결 방안 찾아
    보기
  - 모둠별 해결 방안을 공유하며 우리가 할 수 있는 일 알아보기
- 쓰레기 문제를 해결하기 위해 실천 의지 다지기
  - 우리가 찾은 해결 방안 중 내가 할 수 있는 일을 정하고 실천 의지 다지기

정리

- 배움 활동을 정리하고, 소감 나누기

이렇게 진행했어요

도입

- 등·하굣길에 쓰레기를 본 경험과 우리 집 또는 내가 사는 곳 주변의 쓰레기 처리 모습을 자유
  롭게 이야기하면서 우리 동네의 쓰레기 실태에 관해 알아보고자 하는 의욕을 고취한다.

전개

- 우리 지역(동네)의 쓰레기 실태를 어떻게 알아보면 좋을지 이야기해 보고, 모둠을 구성하여 실
  제로 동네를 한 바퀴 돌아보는 답사 계획(일시, 장소 및 이동 경로, 모둠원, 조사 내용, 역할 분담, 주의할 점
  등)을 세운다.
- 답사 전에 동네 지도와 디지털 영상 지도를 보며 각 모둠별 이동 경로를 확인하고 안전 교육
  을 한다. 답사 계획에 따라 실제로 답사하면서 동네 지도에 쓰레기가 많이 버려진 곳, 쓰레기
  처리가 제대로 되지 않은 곳을 표시한다(스티커를 준비하여 지도에 붙여 가며 장소를 표시할 수도 있다).

> **Tip**
>
> 날씨 예보를 참고하여 가능하면 맑은 날 답사가 이루어질 수 있도록 하며, 현장 체험학습(안전 교육 포함) 계획
> 을 사전에 수립한다. 각 모둠별 이동 경로상 횡단보도와 위험 요소를 미리 확인하여 안전 교육 시 강조하고, 보
> 다 큰 위험 요소에 노출된 경로는 교사가 인솔하도록 한다.

지속가능발전교육, 어떻게 할까?

'지구지킴이' 체험학습 계획

학습주제	우리 마을의 쓰레기 문제 해결	관련 교과 창체(동아리)	지도 시간 수 1	단원 우리 마을의 쓰레기 실태 알아보기

학습내용	• 우리 마을의 쓰레기 실태 알아보기 (체험학습) • 우리 마을 지도에 쓰레기 문제가 심각한 곳 표시하기 (체험학습) • 쓰레기 문제를 해결할 방법 찾아보기 (후속 차시 학습) • 우리 지역의 쓰레기 문제 처리 실태 조사하기 (후속 차시 학습)

세 부 활 동 계 획		

일 시	2021. ○. ○.(○요일)	장소	○○동, ○○초등학교 인근 지역

시 간	활 동 내 용	담당자	준비물 및 유의사항
12:45~13:25	• 우리 마을 돌아보며, 쓰레기 실태 알아보기 • 우리 마을 지도에 쓰레기 문제가 심각한 곳 표시하기	6-2 담임교사 인솔	• 교외학습 안전교육 철저 • 코로나19관련 방역수칙 사전 교육 및 준수

특이사항	
안전지도계획	• 코로나19 관련하여 개인위생 지도(마스크 쓰기, 손 씻기) • 교통안전 및 안전사고 예방 교육 철저
사후지도계획	• 우리 마을의 쓰레기 실태를 알아보고 해결 방법 찾아 실천하기
학 급	6학년 2반
대상인원	23명
지도교사	김○○

동네 돌아보기 체험학습 계획서

우리 동네 쓰레기 실태 조사 답사

• 스마트 기기를 이용해 우리 지역의 쓰레기 처리 과정을 검색하고 조사한다. 학생들이 쓰레기 처리 과정을 조사하는 데 어려움을 느낄 수 있으므로 전문가 멘토를 초청하여 설명을 듣는 것도 유용한 방법이다.

> **Tip**
>
> 지역의 유관 기관이나 한국폐기물협회 등의 기관에 문의하면 전문가 멘토를 소개받을 수 있으며, 무료로 이용할 수 있는 프로그램도 다양하다.
>
> 전문가 멘토 학습 결과 현재 우리 지역뿐만 아니라 우리나라의 쓰레기 문제가 매우 심각하고 매립지는 이미 포화상태이며, 버려지는 폐기물 잔재를 최소화하고자 소각하는 경우에 인근 지역 주민들과의 갈등으로 어려움이 따름을 알 수 있었다. 무엇보다 열심히 재활용할 수 있는 쓰레기를 분리배출 하고 있지만, 실제 자원으로 재활용되는 경우는 약 30% 정도이다. 그래서 올바른 분리배출 방법을 알고 제대로 실천해야 자원이 순환된다는 것을 인식하고, 학생들의 식생활과 연관된 음식물 쓰레기의 심각성도 일깨우는 시간이 되었다.

쓰레기 처리 과정 전문가 초청 및 화상 강의

• 쓰레기(폐기물)가 처리되는 과정을 이해하였다면 우리 지역의 쓰레기 문제가 무엇인지, 이를 어떻게 해결할 수 있는지 모둠끼리 협의한다. 협의한 내용을 자석 보드에 써서 전체 학생들과 공유한다. 이 과정에서 우리 지역의 쓰레기 방치 문제와 쓰레기 실태에 관한 전체 모둠의 조사 내용이 한데 모여 쓰레기 문제의 심각성을 직면하게 된다.

우리 지역 쓰레기 문제 해결 방안 공유

Tip

우리 지역의 쓰레기 문제 해결 방안을 공유할 때 각 모둠이 제시한 해결 방안들을 우리가 실천할 수 있는 것은 ○, 가게나 기업이 할 수 있는 것은 △, 기관에 요청할 것은 ＊으로 분류해 본다. 우리가 실천할 수 있는 일은 실천하고 기업과 기관이 할 수 있는 일은 기업과 기관에 직접 요청해 볼 수 있도록 실천 영역을 확장시켜 준다.

정리

• 배움을 통해 알게 된 점 또는 느낀 점, 자신의 생각을 발표한다. 쓰레기 문제가 학생들의 삶과 자연스럽게 연결됨이 의미 있었고, 전 지구적으로 생각하고 우리 지역에서부터 실천해 나가고자 하는 의지를 엿볼 수 있었다.

6 쓰레기의 비밀

[적용 학년: 5~6학년]

차시	학습목표	• 쓰레기의 피해와 깨끗한 환경의 혜택은 모두 공정하고 평등하게 나누어져야 함을 말할 수 있다. • 자연과 사람, 사회를 동시에 소중히 여기는 환경 정의 실천에 적극적인 태도를 기른다. • 쓰레기 문제와 불평등, 인권을 관련지어 생각할 수 있다.
	자료	• 포스트잇 • 「플라스틱 차이나」 영화 감독의 인터뷰 영상(https://youtu.be/eFTXMl6yyT4) • 쓰레기로 인한 환경 부정의 사례 영상(예: '한국 쓰레기 다시 가져가라' https://youtu.be/dX-Pg85OxOo) • 환경부 교육 영상(예시: '환경 정의, 환경 불평등' https://youtu.be/He8bEyijPaE)

이렇게 계획했어요

도입

• 『플라스틱 차이나』 영화 감독의 인터뷰 영상 보기
  – 영화 속 인물 '이제'가 살아가는 환경에 대해 이야기하기

배움 주제

쓰레기에 숨겨진 비밀을 알아봅시다.

전개

• 한국의 플라스틱 쓰레기 뉴스 영상을 보고 이야기하기(쓰레기로 인한 환경 부정의 사례 영상)
  – 필리핀 사람들이 시위하는 이유 이야기하기
  – 떠오르는 생각이나 느낌을 자유롭게 이야기하기
• 쓰레기 문제 속에 숨겨진 비밀 알아보기
  – 영화 『플라스틱 차이나』 속 인물들, 선진국의 쓰레기를 수입하여 소득을 얻는 사람들, 쓰레기 매립장이나 소각장을 반대하는 시민들의 입장 등에 대해 이야기하기
  – 쓰레기 문제 속에 숨겨진 불평등과 인권에 대해 생각해 보기

- 환경 정의에 대해 알아보기(환경부 교육 영상)

  - 유해 물질이 많은 오염된 곳, 취약 계층이 살아가는 환경 살펴보기

  - 환경이 우리 모두에게 공정한지 생각해 보기

  - 사람은 누구나 쾌적한 환경에서 살아야 하고 환경이 주는 혜택을 받아야 한다.

- 쓰레기의 비밀은 무엇이었는지 생각해 보기

  - 쓰레기는 나와 자연환경, 우리 지역뿐만 아니라 다른 지역과도 연결되어 있다.

  - 자연과 사람, 사회가 함께 살아가기 위해 꼭 풀어야 할 문제이다.

정리

- 배움 활동 정리하고 소감 나누기

  - 포스트잇에 배움 소감을 정리하고 배움 기록판에 붙여 공유하기

이렇게 진행했어요

도입

- 『플라스틱 차이나』 영화 감독의 인터뷰 영상을 통해 영화 속 인물들이 어떠한 환경에서 살아가는지 이야기를 나누면서 주인공들이 노출된 위험과 환경 문제를 인식한다. 쓰레기 문제의 이면에는 어떤 비밀이 숨겨져 있는지 배움 주제와 연관시킨다.

전개

- 한국의 플라스틱 쓰레기 뉴스 영상을 보고 한국이 버린 쓰레기를 다시 가져가라고 시위하는 필리핀 사람들의 마음이 어떠할지 생각해 보게 한다. 우리나라뿐만 아니라 잘 사는 많은 나라에서 발생하는 쓰레기를 개발도상국으로 수출하여 처리하는 것이 공정한지 이야기한다.

> **Tip**
> 쓰레기를 수출하거나 수입하는 국가명을 구체적으로 언급하면 자칫 특정 국가에 대해 부정적인 이미지가 형성될 수 있으므로 구체적인 국가명을 제시하기보다는 '잘 사는 나라에서 발생하는 쓰레기를 개발도상국에서 수입하여 처리하는' 정도로 이야기하도록 한다.

- 대도시에서 발생하는 쓰레기를 사람이 많이 살지 않는 지역, 덜 발달한 지역에서 처리하는 사례를 통해 쓰레기 문제 이면의 불평등과 인권에 대해 생각해 본다. 쓰레기 문제에 의한 피해

가 누구에게나 똑같이 돌아가는지, 깨끗한 환경의 이득과 혜택이 누구에게나 똑같이 주어지는지 생각해 봄으로써 피해가 약자들에게 떠넘겨지고 있다는 것을 안다.

『플라스틱 차이나』의 이제

한국이 버린 쓰레기를 가져가라고 시위하는 필리핀 국민
(출처: 그린피스)

> **Tip**
> 쓰레기 문제뿐만 아니라 하수 처리장, 원자력 발전소와 핵폐기물 처리장 등의 혐오 시설 설치와 운영에도 이러한 불평등 문제가 있음을 안내한다. 누구나 건강하고 쾌적한 환경을 누릴 수 있는 환경권을 법으로 보장해야 하며, 공정한 관점으로 환경 문제를 바라보아야 함을 강조한다. 이러한 사례로 활동지의 나주 SRF 가동에 반대하는 나주 시민들을 제시할 수 있다. 또 님비 현상 없이 서로 이해하며 환경 문제를 해결한 사례도 소개한다.

• '환경 정의, 환경 불평등' 영상을 본 후 환경 정의가 무엇인지 알아본다. 환경 정의를 이야기할 때 공정의 가치도 함께 이야기하면 도움이 된다. 부자든 가난한 사람이든, 백인이든 유색 인종이든, 다수자이든 소수자이든, 힘이 세고 잘 사는 지역이든 힘이 없고 못사는 지역이든, 강대국이든 약소국이든 계층과 인종, 지역, 나라로 대상과 영역을 다양하게 확대해 가면서 환경 문제와 혜택에 차별이 없어야 함을 강조한다.

> 환경 정의는 환경 문제를 인식하고 해결하는 데 정의와 평등, 윤리, 인권, 민주주의 가치가 적용된다. 환경 오염의 피해와 환경 보전의 혜택은 모두 공정하고 평등하게 나누어져야 하며, 환경 문제와 관련된 일을 처리하는 과정은 민주적이고 투명해야 한다. 가난한 사람과 약자를 소중히 여기는 환경 운동을 펼쳐야 하며, 환경 정의 운동은 자연과 사람과 사회를 동시에 살리고자 하는 운동이다(출처: 장성익, 2017).

정리

• 쓰레기 문제와 관련된 환경 부정의 사례를 통해 새로 알게 된 점, 느낀 점을 포스트잇에 써서 정리하게 한다. 정리한 내용을 한데 모아 다른 친구들의 생각과 공유할 수 있도록 한다.

'쓰레기의 비밀' 배움 소감

쓰레기의 비밀

◆ 다음 기사를 읽고 물음에 답해 봅시다.

나주 SRF 가동 3개월째, 주민 불안은 '여전'

주민들의 강한 반대에도 전남 나주 SRF 열병합발전소가 가동을 시작한 지 3개월째입니다. SRF 연료에 관한 품질 논란과 유해성이 제기되는 상황에서 시민들의 불안이 계속되고 있는데 조속한 해결이 필요해 보입니다.

재활용해야 할 것들이 태워지면서 연기와 냄새가 납니다. 아이들의 경우는 피부에 좋지 않기도 하고 건강에 좋지 않다는데 굳이 끝까지 SRF를 가동해야 하는지 논란입니다. 현재 나주 지역에서 사용되는 SRF 연료는 규격화되지 않은 것으로 전남보건환경연구원에 의뢰한 검사 결과 정상 빗물 대비 오염도가 수천 배에 달했고, 중금속 성분도 검출됐습니다. 무엇보다 나주 빛가람동의 경우 습지가 많은데 SRF 연료에서 나오는 매연도 문제지만 투여되는 화학물질로 인한 부작용도 우려됩니다. 타 지역 쓰레기는 우리 지역에서 수용할 수 없다는 전제입니다. 때문에 SRF 연료 사용량에 대한 명확한 기준과 안전거리, 주민 수용성이 필요하다는 지적이 제기됩니다.

(출처: CMB 광주방송)

1. 나주 사람들은 다른 지역에서 버린 쓰레기로 인해 어떤 피해를 입고 있나요?

_____

2. 나주 사람들의 마음이 어떨지 생각해 봅시다.

_____

3. 쓰레기 문제 속에 숨겨진 불평등과 인권에 대해 생각해 봅시다.

_____

4. '환경 정의'란 무엇일까요? 내가 생각하는 '환경 정의'를 한 문장으로 표현해 봅시다.

환경 정의는 _____ 이다.

왜냐하면 _____

7~8 차시

내가 조금 불편하면 세상은 초록이 돼요 [적용 학년: 4~6학년]

학습목표	• 환경을 아끼고 소중히 해야 하는 까닭을 말할 수 있다.
	• 환경을 소중하게 생각하고 느낄 수 있다.
	• 환경을 지키고 사랑하는 일을 실천할 수 있다.
자료	• 『지구를 위한 세 가지 이야기』
	• 그레타 툰베리 유엔기후정상회의 연설 영상(https://youtu.be/BvF8yG7G3mU)

이렇게 계획했어요

도입

• 『지구를 위한 세 가지 이야기』 소개하기

 – 책 표지 살피기

 – 어떤 내용일지 상상하기

배움 주제

환경을 아끼고 소중히 해야 하는 이유를 알고 환경 사랑을 실천해 봅시다.

전개

• 세 가지 이야기 중에서 「뉴 행성의 난쟁이들」 이야기를 읽어 준 후 질문 만들고 답하기

• 나의 경험 나누기

 – 우리 주변에서 물건을 함부로 버리는 경우를 이야기하기

 – 체크리스트를 통해 나의 환경에 대한 인식과 태도 확인하기

• 어떻게 될지 생각하기

• 환경운동가 그레타 툰베리 만나기(유엔기후정상회의 연설 영상)

 – 그레타 툰베리가 누구인지 알아보기

 – 어린 소녀가 환경운동가가 된 이유 생각해 보기

• 지구를 위해 내가 할 수 있는 일 알아보기

 – 환경에 관심 갖기

- 깨끗한 환경을 위해 할 수 있는 작은 일 실천하기

- 챌린지30 운동 계획하고, 동참하기

• 대한민국의 그레타 툰베리 선언

- 환경을 사랑하기 위해 주변에 알리고 싶은 내용을 카드에 적어 본다.

- 환경을 아끼고 소중하게 여기는 지구인이 될 것을 다짐하기

정리

• 배움 활동을 정리하고 소감 나누기

이렇게 진행했어요

도입

• 『지구를 위한 세 가지 이야기』를 소개한다. 표지를 살펴보고 제목으로 미루어 보아 어떤 내용일지 예상해 본다.

 Tip

> 학생들의 발달 단계와 흥미를 고려해 다양한 환경 문제를 다룬 동화책을 활용할 수 있다. 활용할 수 있는 책으로는 『죽음의 미세먼지』, 『아마존 열대우림의 속삭임』, 『그레타 툰베리』 등이 있다.

전개

• 『지구를 위한 세 가지 이야기』 중에서 「뉴 행성의 난쟁이들」 이야기를 읽어 준다. 난쟁이들의 시각에서 바라본 지구의 모습을 이야기한 뒤 책 내용을 확인하는 사실 질문과 생각 질문을 만들어 서로 묻고 답한다.

사실 질문 예시	– 난쟁이들은 무엇에 대해 이야기하고 있나요? – 난쟁이들은 지금 어디에 있나요? – 난쟁이들은 현재 지구가 어떤 상태라고 말했나요?
생각 질문 예시	– 뉴 행성의 난쟁이들은 지구를 어떻게 살기 좋은 곳으로 만들어 주고 싶을까? – 뉴 행성의 난쟁이들은 어디에 있을까? 언제 올까? – 지구의 내일은 누가 지켜야 할까?

• 평소 환경을 얼마나 생각하고 생활하는지 경험을 자유롭게 이야기한다. 나의 환경에 대한 지식 및 태도 행동 조사 설문지를 통해 환경에 대한 지식과 태도 수준을 확인한다(125쪽 참고).

환경에 대한 지식 및 태도 조사 체크리스트

- 일상생활에서 환경을 생각하지 않고 무분별하게 훼손하거나 소비할 경우 어떻게 될지 생각해 보고, 친구들과 상황을 제시하여 그에 대해 이야기를 나눈다. 릴레이식으로 이어가며 다양한 상황에 대한 생각을 자유롭게 이야기할 수 있도록 진행한다.

  – 물을 아껴 쓰지 않는다면 어떻게 될까?

  – 일회용품을 많이 사용하고 음식을 많이 남긴다면 어떻게 될까?

- 유엔기후정상회의 영상을 통해 그레타 툰베리에 대해 알아본다. 청소년이지만 기후 위기를 인식하고 용기를 갖고 행동하는 환경운동가를 본받아 지구를 위해 내가 할 수 있는 '소확행(소소하지만 확실한 행동)'을 한 달 동안 실천하는 챌린지30 운동으로 연결한다. 각자 실천하고 싶은 챌린지를 선정하여 발표하고, 학급에서 친구들과 함께 실천할 수 있는 공동 챌린지를 선정한다.

- 학급에서 모든 학생과 함께할 수 있는 공동 챌린지로 우유갑 모으기를 선정하여 실천하였다. 종이류와 종이팩은 원칙적으로 따로 분류해야 재활용이 용이하지만 잘 이루어지지 않고 섞여서 많이 배출되는 것이 평소 안타깝게 생각되었다. 아이들과 한 학기 동안 함께 모은 우유갑은 행정복지센터에서 화장지와 교환했다. 학부모님들도 우유갑이 화장지로 교환되어 가정으로 배부되자 매우 만족스러워하면서 적극적으로 참여했다. 또 학기를 마무리하면서 학생

챌린지30 운동: 공동 챌린지 우유갑 모으기와 아나바다 나눔장터 후원 영수증

아나바다 나눔장터

들이 쓰레기를 만들지 않기 위해 필요한 활동으로 '아나바다 나눔장터'를 계획하였다. 가정에서 필요하지 않은 물건에 가격(100~1000원)을 정해 학급에 기부하고 장터를 열었다. 나눔장터 수익금은 학급회에서 결정한 대로 유니세프 세계어린이후원에 기부하였다.

• 대한민국의 그레타 툰베리로서 지구를 위해 내가 알리고 싶은 내용으로 작은 홍보지를 만들어 선언해 보면서 실천 의지를 다진다. 나중에 택배 종이 상자를 재사용하여 홍보물을 크게 만들어 캠페인 활동에 활용하였다.

• 학생들이 알게 된 점, 소감을 이야기하는 과정에서 조금 불편함이 있겠지만 우리가 작은 실천을 해 나갈 때 지속가능한 미래를 함께할 수 있다는 것을 강조한다.

대한민국의 그레타 툰베리 선언 홍보물

환경에 대한 초등학생의 지식 및 태도 행동 조사

안녕하세요? 이 설문지는 학생 여러분이 환경에 대해 어떻게 인식하는지 조사하기 위한 것입니다. 여러분이 응답해 주신 소중한 설문지는 비밀로 처리되고, 수업 연구를 위해서만 사용될 것입니다. 한 문항도 빠짐 없이 잘 읽고 솔직하게 체크해 주세요.

(   ) 초등학교 (   )학년 성별: (남 / 여)

1. 다음의 문장을 읽고 자신의 생각이나 행동에 가장 가까운 곳에 ○표 하십시오.

환경 인식	전혀 아니다	아니다	보통 이다	그렇다	매우 그렇다
	1	2	3	4	5
나와 환경 문제는 밀접한 관련이 있다고 생각한다.	①	②	③	④	⑤
나는 평소 환경 문제에 관심이 있다.	①	②	③	④	⑤
나는 환경 문제가 심각하다고 생각한다.	①	②	③	④	⑤
나는 다른 사람들이나 친구들이 환경을 돌보지 않는 것 같아 걱정이 된다.	①	②	③	④	⑤
나는 환경 문제에 대해 친구들과 이야기를 나눈 적이 있다.	①	②	③	④	⑤
나는 부모님으로부터 환경 문제에 대해 들은 적이 있다.	①	②	③	④	⑤
나는 석유가 바닥날까 봐 걱정이 된다.	①	②	③	④	⑤
나는 물이 바닥날까 봐 걱정이 된다.	①	②	③	④	⑤
나는 에너지를 절약해야 한다고 생각한다.	①	②	③	④	⑤
나는 종이, 병, 캔 등을 재활용해야 한다고 생각한다.	①	②	③	④	⑤
나는 기후변화가 심각한 문제라고 생각한다.	①	②	③	④	⑤
나는 동물, 식물, 인간이 생태계에서 모두 중요한 존재라고 생각한다.	①	②	③	④	⑤
나는 세계적으로 멸종되는 생물이 걱정된다.	①	②	③	④	⑤

나는 유전자 조작 식품에 대해 들어본 적이 있다.	①	②	③	④	⑤
나는 급식 때 생기는 음식물 쓰레기가 걱정이 된다.	①	②	③	④	⑤
나는 생태 도시에 대해 들어본 적이 있다.	①	②	③	④	⑤
나는 홍수나 가뭄 등 자연재해의 피해를 알고, 이에 대비하는 방법을 알고 있다.	①	②	③	④	⑤
나는 대기 오염을 줄이기 위해 가까운 거리는 걷거나 대중교통을 이용해야 한다고 생각한다.	①	②	③	④	⑤
나는 나의 노력으로 환경 문제가 해결될 수 있다고 생각한다.	①	②	③	④	⑤
나는 환경 문제 해결을 위해 여러 사람의 참여와 협력이 필요하다고 생각한다.	①	②	③	④	⑤
인류가 오래도록 살아가기 위해서는 자연과 조화롭게 살아야만 한다.	①	②	③	④	⑤

2. 다음의 문장을 읽고 자신의 생각이나 행동에 가장 가까운 곳에 ○표 하십시오.

환경 인식	전혀 아니다	아니다	보통 이다	그렇다	매우 그렇다
	1	2	3	4	5
나는 재활용을 위해 쓰레기 분리수거를 한다.	①	②	③	④	⑤
나는 일회용 젓가락, 일회용 컵은 사용하지 않는다.	①	②	③	④	⑤
나는 조금 비싸더라도 환경을 생각해 만들어진 물건을 사용하고 싶다.	①	②	③	④	⑤
나는 환경 마크를 확인하고 물건을 구입한다.	①	②	③	④	⑤
나는 학용품을 아껴 쓰려고 노력한다.	①	②	③	④	⑤
나는 사용하지 않는 전기 제품의 전원을 끈다.	①	②	③	④	⑤
나는 머리를 감기 위해 머리에 비누칠을 할 때 수도꼭지를 잠근다.	①	②	③	④	⑤
나는 동물 보호를 위해 동물로 만든 상품을 구입하지 않겠다.	①	②	③	④	⑤

나는 수입 농산물보다 우리 농산물을 먹는다.	①	②	③	④	⑤
나는 음식을 남기지 않고 다 먹으려고 노력한다.	①	②	③	④	⑤
나는 대기 오염을 줄이기 위해 대중교통을 이용한다.	①	②	③	④	⑤
나는 샴푸, 린스, 합성 세제의 사용을 줄이고, 비누나 천연 세제를 사용한다.	①	②	③	④	⑤
나는 TV, 신문, 인터넷 등에서 환경에 대한 내용이 나오면 관심 있게 본다.	①	②	③	④	⑤
나는 환경 문제에 대한 책을 읽어본 적이 있다.	①	②	③	④	⑤
나는 환경 오염을 줄이기 위해 친구들이나 다른 사람들에게 이메일을 보내거나 편지를 쓸 것이다.	①	②	③	④	⑤
나는 환경을 깨끗하게 보존하기 위한 환경 단체 활동에 참여할 기회가 있다면 참여하고 싶다.	①	②	③	④	⑤
환경에 도움이 된다면 나의 생활 방식을 바꿀 생각이 있다.	①	②	③	④	⑤

(출처: 장호창, 2018)

9~10
차시

나도 '제로 웨이스트' 실천가

[적용 학년: 4~6학년]

학습목표
- 제로 웨이스트의 뜻을 말할 수 있다.
- 제로 웨이스트 실천을 위한 계획을 세울 수 있다.
- 제로 웨이스트 실천에 적극적으로 참여할 수 있다.

자료
- 비 존슨의 제로 웨이스트 소개 영상(https://youtu.be/rsd5seVp-9I, https://youtu.be/MraUxOIu7Tc)
- 『쓰레기 제로 대작전』

이렇게 계획했어요

도입

- 우리 집에서 가장 오래 사용한 물건 소개하기

  – 우리 집에서 가장 오래된 물건이 무엇인지 찾아보고 소개하기

배움 주제

제로 웨이스트(쓰레기 제로) 운동에 대해 알아보고 실천해 봅시다.

전개

- 제로 웨이스트가 무엇인지 알아보기(비 존슨의 제로 웨이스트 소개 영상)

  – 제로 웨이스트 실천가 비 존슨의 영상보기

  – 제로 웨이스트가 무엇인지 말하기

Tip

제로 웨이스트 실천가 영상 대신 『쓰레기 제로 대작전』을 읽어 주고, 제로 웨이스트 운동의 의미와 실천 방법을 알아볼 수 있다.

전개

- 제로 웨이스트 실천 방법 알아보기

  – 1단계: (필요 없는 물건은) 거절하기(비닐 봉지, 1회용품, 다회 용기로 포장 등).

  – 2단계: (물건의 개수, 쓰는 양을) 줄이기(필요한 것만 남기기, 물건 아껴쓰기 등).

지속가능발전교육, 어떻게 할까?

- 3단계: (본디 쓰임새대로 최대한) 재사용하기(아나바다 운동, 중고 거래 등).

- 4단계: (올바른 분리배출 방법에 따라) 재활용하기

- 5단계: (음식물 쓰레기나 낙엽 등) 퇴비 만들기

• 제로 웨이스트 실천 계획 세우기

- 제로 웨이스트를 실천하기 위한 계획 세우기

- 친구들과 공유하며 계획을 구체화하고 다듬기

• 제로 웨이스트를 실천하고 친구들과 공유하기

- 자신이 실천한 제로 웨이스트 실천 장면을 찍은 사진을 학급 SNS 소통방에 공유하고 서로 격려하기

- 제로 웨이스트 실천 일기쓰기

정리

• 제로 웨이스트 실천 소감 나누기

- 우리 학급의 제로 웨이스트 실천 사례를 함께 공유하며 소감 이야기하기

이렇게 진행했어요

도입

• 미리 과제로 제시한 우리 집에서 가장 오래된 물건을 찾아보고 소개하는 활동을 통해 물건을 오래 사용하면 좋은 점을 알게 하고 자부심을 가질 수 있게 한다. 필요 이상의 소비와 생산을 하면서 쓰레기(폐기물)가 많이 발생한다는 것을 인지하게 하고, 우리 일상에서 쓰레기를 발생 시키지 않는 소비 생활인 '제로 웨이스트'에 도전할 수 있도록 동기를 부여한다.

전개

• 제로 웨이스트 실천가인 비 존슨의 제로 웨이스트 운동 소개 영상을 보고 제로 웨이스트가 무 엇인지 개념과 실천 방법을 알아본다.

• 자신이 실천하기로 한 제로 웨이스트 내용을 싱킹보드에 써서 공유한다. 가정에서 가족이 함 께 참여할 수 있도록 제로 웨이스트의 취지를 설명하는 연습도 한다.

제로 웨이스트가 뭐예요?

- 쓰레기(waste)를 0(zero)으로 줄이자는 환경 운동
  - 생활 속에서 발생하는 쓰레기를 최소한으로 줄여 보자.

제로 웨이스트, 오늘부터 도전!

- 쉬운 것부터 재미있게 하자. 스트레스 NO
  - 실천할 수 있는 일 생각하여 싱킹보드에 적기
  - 1주일간 가족들과 함께 실천하기
  - 제로 웨이스트 실천 인증하기(우리 반 밴드)
- 내가 조금 불편하면, 세상은 초록이 돼요.

제로 웨이스트 5R

- 1단계 – Refuse(거절한다): 쓰레기 발생을 줄이는 방법으로, 상품을 구매할 때 과대 포장을 거부하고 장바구니를 사용하여 비닐 봉지를 사용하지 않는 것, 물통을 가지고 다니며 일회용 컵을 사용하지 않고 음식 포장 시 다회 용기를 사용하는 것을 예로 들 수 있다.
- 2단계 – Reduce(줄인다): 거절을 할 수 없는 상황에서 가장 쓰레기를 덜 만들 방법을 탐색한다. 만약 구매하고 싶은 물품이 예상과 다르게 많은 쓰레기가 생길 수밖에 없거나 포장 없이 구매할 수 없다면, 쓰레기가 가장 적게 발생할 수 있는 다른 상품을 선택하는 것이다.
- 3단계 – Reuse(재사용한다): 여러 번 다시 사용할 수 있는 물건을 구매한다. 일회용 플라스틱 용기에 담겨 있는 제품이라면 용기를 씻어 여러 번 사용한다. 일회용 건전지를 사용하는 대신 충전해서 다시 사용할 수 있는 건전지를 선택한다. 고기와 야채 등을 구매할 때는 집에서 사용하는 용기를 챙겨 가서 재래시장이나 전용 매장에서 구매하는 등의 방식을 선택하는 것이다.
- 4단계 – Recycle(재활용한다): 물건을 구매한 후 발생하는 쓰레기의 재활용 지수를 높일 수 있도록 한다. 음식물이 묻은 플라스틱 용기를 씻어서 분리배출 하거나 썩지 않는 비닐 랩 포장 대신 잘 썩는 비닐로 포장된 물건을 구매하는 등 물건의 포장과 구성품이 재활용성과 생분해성이 높은 것을 선택하는 것이다.
- 5단계 – Rot(부패하게 한다): 음식물 쓰레기는 썩혀서 비료나 사료로 만든다. 음식물 쓰레기가 토양과 수질을 오염시키지 않도록 배출량 자체를 줄인다. 음식물 쓰레기 분리배출을 철저히 하고, 좀 더 나아가 음식물 쓰레기를 흙이나 벌레를 이용해 퇴비화하거나 음식물 쓰레기를 건조하고 분쇄하여 퇴비를 만들 수도 있다.

Tip

가정 연계 실천을 돕고자 학급 소통방에 제로 웨이스트 운동을 소개하고, 1주일간 학생들과 함께 실천을 권유한다. 교사도 동참하여 인증 사진을 올리며 실천 의지를 북돋운다.

제로 웨이스트 도전할 내용

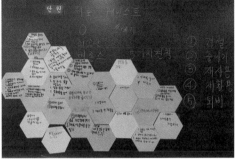
제로 웨이스트 도전할 내용 공유하기

정리

• 배움을 정리하며 제로 웨이스트를 한 문장으로 정리해 보았다. '제로 웨이스트는 미래의 희망이다!', '겉보기에는 작은 움직임이지만 자세히 들여다보면 큰 손길이다', '제로 웨이스트는 우리의 미래이며 지구를 지키는 방법이다' 등 아이들의 문장들에서 교사가 의도한 것보다 배움의 깊이와 폭이 확대된 것을 확인할 수 있었다.

한 문장으로 정리한 제로 웨이스트

- 학교와 가정에서 실천한 내용을 사진과 함께 학급 소통방에 공유하며, 답글과 추천을 통해 서로를 격려한다. 또 자신의 실천을 일기로 써서 실천 내용과 소감을 기록하기도 하였다.

제로 웨이스트 실천 인증

제로 웨이스트 실천 일기

지속가능발전교육, 어떻게 할까?

지속가능한 우리 마을 만들기

주제 개관

기후변화, 환경 오염, 자원 고갈, 생태계 파괴, 감염병 증가 등 여러 가지 문제를 품고 있는 환경 속에서 우리의 삶은 지속가능할 수 있을까? '푸른 별 지구에서 미래를 꿈꾸며 지속가능한 사회를 만들기 위해 아이들에게 무엇을, 어떻게 가르쳐야 할까?'라는 질문에 대한 해답을 찾기 위해 우리는 지속가능발전교육에 관심을 갖고 실천하고 있다.

지속가능발전교육이란 인류가 생태계와 조화를 이루며 현재뿐만 아니라 평화롭게 모두가 잘 살아가기 위해 하는 교육이다. 전 세계가 지구의 지속가능성을 위해 함께 노력하려면 무엇보다도 구성원들의 가치관, 생각, 태도 변화가 선행되어야 한다. 우리는 교육을 통해 지속가능한 지구와 사회를 만들어 가기 위해 글로벌 시민성을 가진 학생을 길러 내야 한다.

본 모듈은 학생들이 만나는 다양한 문제를 지구적 차원에서 생각하되, 나의 삶과 가장 맞닿아 있는 우리 마을에서부터 해결 방법을 찾아 실천해 보고자 한다. 1~2차시에서 지속가능한 사회의 의미를 중점적으로 알아보고, 3~6차시에서 우리 마을의 개선할 점을 찾아 지속가능성 관점에서 가장 좋은 해결 방법을 선정하여 직접 학생들이 실천으로 옮겨 볼 수 있도록 사회문제 해결형으로 구성되어 있다.

지속가능발전교육에서 가장 먼저 알아야 할 것은 지속가능발전의 개념이다. 오늘날 지속가능한 미래, 지속가능한 사회, 지속가능한 도시, 지속가능한 기업 등 다양한 형태로 지속가능성이란 개념이 널리 사용되고 있지만, 막상 학생들에게 지속가능성에 대해 설명하는 것은 쉽지 않다. 지속가능발전은 단순히 환경 보호에 그치는 것이 아니라 사회 정의, 경제 성장을 포괄해야 하는 통합적인 개념이다. 이런 통합적인 개념을 초등학생 수준으로 어떻게 하면 이해하기 쉽게 가르칠 수 있을지 고민을 담아 수업을 계획하고 진행하였다.

특히 본 모듈에서는 사회문화, 환경, 경제 세 영역 간의 복잡한 시스템적 상호작용을 이해하고, 고려하였는가? 세대 간 형평성 즉, 현재 세대와 미래 세대 간의 형평성을 고려하였는가? 세대 내 형평성을 고려하는가? 지역적, 국가적, 세계적 차원에서 연계성을 고려하였는가? 이상의 네 가지 지속가능발전 교육원리를 적용하여 학생들이 문제를 해결할 때 얼마나 지속가능성 관점에서 고민하며 해결 방법을 찾아보았는지에 중점을 두었다. 지속가능성 관점에서 문제를 해결하고자 노력하는 학생들이 많아질 때, 우리가 꿈꾸는 지속가능한 사회에 한 걸음 더 다가갈 수 있을 것이다.

차시	주제명	주요 활동 내용	교수·학습 방법
1	지속가능한 미래란 무엇일까?	• 이야기를 듣고 미래의 모습 예상하기 • '당신의 선택은?' 놀이 활동 후 생각 나누기 • 지속가능한 미래의 의미 이해하기	개념학습 (시뮬레이션, 놀이)
2	지속가능한 미래를 위해 환경 보전과 경제 개발 간의 관계는 어떠해야 할까?	• 환경 보전과 경제 개발 간의 갈등 상황 파악하기 • 토의 주제를 찾고 토의하기 • 토의 내용 정리하기 • 환경 보전과 경제 개발 간의 관계 정리하기	의사결정학습 (토의)
3	지속가능한 마을의 기준은 무엇일까?	• 우리 지역의 지속가능한 마을 이야기 듣기 • 지속가능성 관점에서 마을의 변화된 모습 살펴보기 • 지속가능한 마을에 대한 평가 기준 세우기	탐구학습 (스토리 활용)
4~5	지속가능한 우리 마을을 만들기 위해 무엇을 해야 할까?	• 우리 마을의 자랑거리 말하기 • 우리 마을의 개선할 점 찾기 • 우리 마을의 문제점 해결 방법 찾기 • '지속가능한 우리 마을 만들기' 프로젝트 실천 계획 세우기 • 프로젝트 실행하기 • 실천 결과 보고서 작성하기	문제해결학습 (조사, 토의)
6	우리의 실천 결과는 어떤 영향을 미칠까?	• 모둠별 실천 결과 보고서 관람하기 • 실천 결과 평가 방법 살펴보기 • 실천 내용 발표 및 실천 결과 평가하기 • 프로젝트 실천 후 자기 평가하기	탐구학습

관련 교과

• 사회 6-2-2. 통일 한국의 미래와 지구촌의 평화
• 국어 6-2-3. 타당한 근거로 글을 써요
• 국어 5-1-6. 토의하여 해결해요
• 국어 5-2-3. 의견을 조정하며 토의해요
• 국어 5-2-5. 여러 가지 매체 자료
• 도덕 5-2-6. 인권을 존중하며 함께 사는 우리
• 도덕 6-1-2. 작은 손길이 모여 따뜻해지는 세상
• 미술 [6미02-05] 다양한 표현 방법의 특징과 과정을 탐색하여 활용할 수 있다.

1

지속가능한 미래란 무엇일까?

[적용 학년: 5~6학년]

차시

학습목표
- 지속가능한 미래의 필요성과 개념을 이해하고 설명할 수 있다.
- 지속가능한 미래의 필요성과 개념에 대한 의사소통에 적극적으로 참여한다.
- 놀이 활동을 통해 지속가능한 미래의 개념을 추론할 수 있다.

자료
- 물고기 모형 카드 또는 사탕(바둑돌로 대체 가능), 포스트잇

이렇게 계획했어요

도입

- '무인도에서 살아남기' 이야기를 듣고 미래 모습 예상하기

> 어느 날, 배를 타고 가던 사람들이 풍랑을 만났습니다. 배가 암초에 부딪혀 부서지고 몇몇 사람들만 겨우 살아남아 무인도에 다다르게 되었습니다. 배가 고픈 사람들은 이곳저곳을 돌아다녔지만, 바다에서는 먹을 것을 전혀 얻을 수 없었습니다. 한참을 헤맨 끝에 작은 호수와 과일나무를 발견했습니다. 사람들은 호수에서 물고기를 잡고 열매를 따서 허겁지겁 굶주린 배를 채웠습니다. 그렇게 며칠을 무인도에서 지낸 후, 사람들은 이곳에서 얻을 수 있는 먹거리가 작은 호수에 살고 있는 물고기와 몇 그루의 과일나무 열매뿐인 것을 알게 되었습니다. 무인도에서 살아남은 사람들은 10년이 지난 후 어떻게 되었을까요?

– 10년 후, 사람들은 어떻게 되었을지 생각해 보기

배움 주제

지속가능한 미래란 무엇일까?

전개

- '당신의 선택은?' 놀이 활동 후 생각 나누기(모둠 활동)

> **놀이 방법**
> * 놀이 인원: 4명   * 준비물: 물고기 모형 카드 또는 사탕
> ① 가위바위보로 순서를 정한다.
> ② 책상 위에 물고기(사탕) 열 마리를 놓고 순서대로 가져간다. 자기 차례가 되면 반드시 물고기를 한 마리 이상은 가져가야 한다.
> ③ 모든 모둠원이 물고기를 한 번씩 가져가는 것을 1회로 한다.
> ④ 매회 활동이 끝날 때마다 선생님께 물고기를 추가로 받아 책상 위에 보충한다.
> ⑤ ②~④ 활동을 3회 반복한 후, 결과를 확인한다.

- 놀이 활동 결과 확인하기
- 놀이 활동 후, 놀이 과정에서 느낀 점 이야기하기
- 모두가 함께 생존할 수 있는 방법에 대해 토의한 후 한 번 더 놀이하기
• 놀이 활동에 담긴 숨은 의미 생각해 보기
- 무인도, 물고기, 물고기를 가져가는 순서에 담긴 숨은 의미 생각하기

정리

• 지속가능한 미래의 의미 이해하기(포스트잇)
- 내가 생각하는 '지속가능한 미래'를 정의하고, 친구들의 생각과 비교해 보기
- 교과서에 안내된 '지속가능한 미래'의 정의를 읽고 담긴 의미 되짚어 보기

이렇게 진행했어요

도입

• '무인도에서 살아남기' 이야기를 들려 주고, 무인도에서 생존한 사람들이 10년 후 어떻게 되었을지 미래의 삶에 대해 관심을 갖게 한다. 무인도에서 살아남기라는 상황에 빗대어 지구에 살고 있는 많은 사람이 함께 지속가능한 미래를 꿈꾸기 위해 한정된 자원을 어떻게 사용해야 할지에 대해 학생들이 생각해 볼 수 있는 기초가 될 수 있다.

> **Tip**
>
> 무인도, 바위섬, 작은 호수, 과일나무 몇 그루 등 이야기에서 제시한 상황은 자원의 유한성이 지속가능성에 큰 영향을 미친다는 점을 학생들에게 인지시키는 데 목적이 있다. 교사와 학생의 발문과 응답은 다음과 같다.
>
> **교사** 무인도에서 생존한 사람은 어떻게 되었을까요?
>
> **학생** 물고기를 잡고, 열매를 먹으면서 생존했을 것 같습니다.
>
> **교사** 작은 호수에 사는 물고기와 과일나무 몇 그루에서 얻을 수 있는 열매의 양이 모든 사람들이 먹기에 충분했을까요?
>
> **학생** 그중 힘이 센 사람이 많이 먹고, 힘이 약한 사람은 물고기를 먹지 못해 죽을 수도 있을 것 같아요.
> 먼저 물고기를 많이 잡은 사람은 그 물고기를 말려 저장해 두고 끝까지 살아남았을 것 같아요.
> 물고기와 열매의 양은 적지만, 함께 살아남기 위해 서로 공평하게 나누었을 것 같아요.

전개

• 무인도에서 살아남은 생존자라고 가정하고 '당신의 선택은?' 놀이 활동에 참여한다. 참여 인

원은 4명으로 하고, 처음에는 사탕 10개에서 시작한다. 모든 모둠원이 한 번씩 사탕을 가져가고 난 후에는 책상 위에 남은 사탕의 개수만큼 선생님께 추가로 사탕을 받아 보충한다.

Tip
놀이에서 물고기 대신 학생들이 좋아하는 사탕을 사용해 인간의 욕망으로 인한 무분별한 자원 고갈이라는 의도가 잘 드러난다. 사탕은 활동 전에 학생들에게 충분히 놀이 방법을 설명한 후 나누어 주는 것이 좋다. 놀이를 하면서 놀이 결과를 활동지에 기록할 수 있도록 안내한다.

처음 물고기의 수 \ 이름	잡은 물고기 수				남은 물고기의 수
	1번 ( )	2번 ( )	3번 ( )	4번 ( )	
1회 10					
2회					
3회					

• 놀이 활동 후, 각 모둠별로 끝까지 생존한 사람을 확인하고 놀이 과정에서 느꼈던 점을 솔직하게 이야기 나눈다.

Tip
놀이 활동 후 다음과 같은 다양한 질문을 통해 학생들의 솔직한 소감을 들을 수 있다.

교사　(마지막 순서인 학생에게) 친구들이 사탕을 가져가는 것을 보면서 내 순서가 올 때까지 기다리는 동안 어떤 마음이 들었나요?
학생　앞 친구들이 많이 가져가서 나는 1개밖에 못 가져갔어요. 순서 때문에 억울함 마음이 들었어요.
학생　처음에는 1개를 가져갔는데, 그다음 차례에는 아예 가져갈 수가 없어서 속상했어요.
교사　(첫번째 순서인 학생에게) 우리 모둠에서 물고기를 가져가지 못한 친구를 보면서 어떤 마음이 들었나요?
학생　내가 처음에 5개를 가져가서 다음 순서인 친구들이 조금밖에 못 가져가서 미안했어요.
학생　내가 처음 순서라서 많이 가져갈 수 있어서 기분이 좋았어요. 그리고 내가 마지막 순서가 아니라서 다행이라는 생각이 들었어요.

'당신의 선택은?' 놀이 활동 모습　　　놀이 과정에서 느낀 학생 소감

• 놀이가 끝난 후 참여했던 모둠원 모두가 생존할 수 있는 방법을 친구들과 토의한다. 그리고 한 번 더 놀이 활동을 진행한다. 이때 사탕을 가져갈 수 있는 순서가 정해져 있었는데, 우리의 삶 속에서 실제로 자원을 먼저 사용할 수 있어 혜택을 받은 사람은 누구이며, 마지막 순서라서 불이익을 받게 되는 사람은 누구일지 생각해 본다.

> **Tip**
>
> 모두가 생존할 수 있는 방법은 앞선 사람이 마지막 사람을 배려하여 가져갈 수 있는 사탕의 개수를 줄이는 것이다. 상황을 지구에 살고 있는 우리로 확장하여 이 순서 때문에 혜택을 보는 사람과 불공정한 상황에 놓인 사람은 누구인지 생각해 보도록 한다. 혜택을 보는 사람은 이미 많은 자원을 활용하여 성장을 이룬 선진국이 될 수 있고, 불공정한 상황에 놓인 사람은 개발도상국이나 후진국이 될 수 있다. 또는 혜택을 누린 사람은 자원을 풍족하게 사용하는 현재 세대이고, 불공정한 상황에 놓인 사람은 자원이 고갈된 미래 세대로 생각할 수 있다. 이처럼 지속가능한 미래를 만들기 위해서는 지구촌에 함께 살아가는 구성원들 간에 '세대 내 형평성', 미래 세대를 위해 '세대 간 형평성'을 고려해야 함을 알도록 한다.

정리

• 각자 내가 생각하는 '지속가능한 미래'의 정의를 포스트잇에 기록한다. 반 전체 학생들이 적은 내용을 칠판에 붙이고, 내 생각과 친구들의 생각을 비교해 본다. 그다음 교과서에 안내된 '지속가능한 미래'에 대한 정의를 읽으며 그 안에 담겨진 의미를 다시 한 번 되새겨 본다.

학생들이 정의한 지속가능한 미래

> **Tip**
>
> '지속가능한 미래'는 일반적으로 사용되기는 하지만 명확하고 구체적으로 정의하기 어려운 통합적인 개념이다. 앞선 놀이 활동을 통해 학생들이 직접 경험하고 느낀 점을 토대로 지속가능한 미래의 뜻을 자신의 언어로 직접 설명하고, 친구들의 생각과 비교해 본다. 이미 정의된 개념을 수동적으로 받아들이는 것보다 스스로 지속가능한 미래에 대해 자신만의 언어로 표현해 보는 과정을 통해 학생들은 지속가능성에 대해 한 번 더 고민하는 시간을 갖게 된다.

> 지속가능한 미래는 지구촌의 사람들이 오늘날의 발전뿐만 아니라 미래 세대의 환경과 발전을 위해 책임감 있게 행동하여 지구촌의 지속가능성을 높여 가는 것을 말한다.

2
차시

지속가능한 미래를 위해 환경 보전과 경제 개발과의 관계는 어떠해야 할까?
[적용 학년: 5~6학년]

학습목표
- 지속가능한 미래를 위해 환경 보전과 경제 개발 간의 관계를 설명할 수 있다.
- 지속가능한 미래를 위해 자기 생각을 성찰하고 다른 사람의 의견을 수용하는 태도를 갖는다.
- 지속가능한 미래를 위해 환경 보전과 경제 개발의 입장에서 비판적으로 사고할 수 있다.

자료
- 개발을 찬성하는 입장과 반대하는 입장의 신문 기사
  - 일곡 주민들 "생태축 붕괴 한새봉터널 공사 안 돼" (광주드림 2019. 9. 16.)
  - "환경 훼손도 이해하지만, 낙후된 북부부터 살려야죠" (무등일보 2020. 10. 27.)

이렇게 계획했어요

도입

- 갈등 상황 파악하기
  - 기사 제목을 읽고 지역 내 어떤 갈등 상황이 발생했는지 확인하기
  - 기사 제목을 보고 나의 의견 말하기

배움 주제

지속가능한 사회를 위해 환경 보전과 경제 개발과의 관계는 어떠해야 할까?

전개

- 토의 주제 찾기(개별 → 모둠 → 전체)
  - 개발을 찬성하는 입장과 반대하는 입장의 신문 기사 읽고 내용 파악하기
  - 개발을 진행했을 때 좋은 점(P), 나쁜 점(M), 독특한 점(I) 찾기
  - 토의 주제 이끌어 내기
- 토의하기
  - 환경 보전과 경제 개발 간의 관계 생각해 보기
  - 자신의 의견을 정리한 뒤 모둠 토의에 참여하기(모둠 활동)

- 토의 내용 정리하기

  – 모둠별로 지속가능한 사회를 위한 환경 보전과 경제 개발과의 관계에 관한 입장 발표하기

  – 다른 모둠의 토의 결과를 경청하고 수용하기

- 환경 보전과 경제 개발 사이에서 균형을 보여 주는 사례 살펴보기

  – 뉴질랜드 호머 터널, 목포 용라산 생태 터널 등

정리

- 지속가능한 미래를 위해 환경 보전과 경제 개발과의 관계 정리하기

- 도입 단계에 가졌던 내 생각이 수업을 마치고 어떻게 변했는지 발표하기

이렇게 진행했어요

도입

- '광주북부순환도로 1구간' 개발 공사와 관련하여 찬성하는 입장과 반대하는 입장의 기사 제목을 각각 제시하고, 우리 지역에서 나타난 환경 문제와 경제 개발과의 갈등 상황을 인지한다.

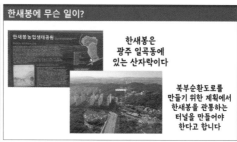

동기유발 자료

> **Tip**
>
> 지역별로 우리 고장에서 발생하는 환경 보전과 경제 개발 간의 갈등 사례로 대체하여 수업을 진행할 수 있다. 우리 고장에서 발생하고 있는 문제를 수업에 활용함으로써 학생들은 우리의 삶과 배움이 밀접한 관계가 있음을 깨닫고, 시민의 한 사람으로서 지역 사회 문제에 관심을 갖게 된다. 본 수업에서는 터널 공사가 계획된 한새봉이란 지역에 대해 기본 정보가 없는 학생들을 위해 교사가 관련 사진 및 내용을 제공하고 찬성과 반대 입장이 왜 발생하게 되었는지 여러 집단의 이해 관계를 파악할 수 있게 하였다.

• 터널 공사와 관련된 서로 다른 입장의 신문 기사를 읽고 자세한 내용을 파악한다. 각자 읽은 내용을 토대로 개발을 진행했을 때 좋은 점(P), 나쁜 점(M), 독특한 점(I)을 찾아 발표하고 반 전체 학생들의 의견을 한데 모은다. 다음으로 이런 문제 상황을 해결하기 위한 토의 주제를 정한다(예 지속가능한 미래를 위해서 한새봉을 관통하는 터널을 어떻게 해야 할까요?).

모둠 친구들의 의견 모으기   반 전체 의견 모으기

• 토의를 시작하기 전, 교사는 다음과 같은 예시 발문을 통해 환경 보전과 경제 개발에 관해 기존에 학생들이 갖고 있던 생각의 폭을 넓힐 수 있도록 돕는다.
  – 환경 보전과 경제 개발이 중요한 이유는 무엇일까요?
  – 환경 보전과 경제 개발은 서로 어떤 영향을 미칠까요?
  – 한쪽만 중요하게 생각할 때 어떤 결과가 일어날까요?

• 만약 내가 터널 공사의 결정권을 갖게 된다면 지속가능한 미래를 위해 터널 공사를 어떻게 할 것인지 모둠별로 충분한 토의를 통해 최종 의견을 정리한다. 각 모둠별로 최종 의견과 왜 그런 결정을 내렸는지 이유를 전체 학생들에게 발표하고, 모둠별 토의 결과는 열린 마음으로 수용한다.

> **Tip**
>
> 오늘날 우리가 겪고 있는 사회 문제는 다양한 이해관계가 얽혀 있는 경우가 많다. 여기서 사례로 든 터널 공사 문제도 환경 보전이냐 경제 개발이냐 하는 이분법적 사고로 어느 한쪽 편에 치우쳐 선택하기 쉽지 않다. 본 수업은 환경 보전과 경제 개발이라는 상반된 입장에서 서로 옳고 그름을 주장하기보다는 지속가능한 미래를 위해 통합적 접근이 필요함을 깨닫게 하는 데 있다. 지속가능발전교육은 사회문화, 환경, 경제 영역 간 복잡한 시스템적 상호 작용을 이해하고 궁극적으로 사회문화, 환경, 경제의 지속성을 확보하기 위해 최선의 방법을 고민하고 노력하는 것이기 때문이다.

- 지속가능한 미래를 위한 노력으로 환경 보전과 경제 개발 간 균형을 보여 주는 국내외 사례를 제시한다. 이 사례를 통해 환경 보전과 경제 개발과의 관계가 어떠해야 하는지 정리한다.

뉴질랜드 호머 터널 사례

목포 용라산 생태 터널 사례

- 도입 단계에서 기사 제목을 보고 가졌던 나의 생각과 수업을 마치고 난 후 학생들의 생각에 변화가 있었는지 이야기를 듣는다.

이런 활동도 있어요

『아마존 열대우림의 속삭임』 온책 읽기

『아마존 열대우림의 속삭임』은 젊은 남자가 커다란 도끼를 들고 나무를 베기 시작했을 때, 판야나무 한 그루에 옹기종기 모여 사는 동물들의 목소리가 들리면서 이야기가 전개된다.

환경 보전이라는 관점에서 '한 그루의 판야나무가 사라지면 어떻게 될까?'라는 질문을 통해 지구의 허파로서 열대우림의 중요성뿐만 아니라 그 안에서 관계를 맺고 사는 생태계의 신비로움과 자연 그 자체의 경이로움, 다음 세대를 위한 마음가짐 등을 학생들과 이야기해 볼 수 있다.

경제 개발이라는 관점에서 '커다란 판야나무를 베러 온 젊은 남자는 누구일까?'라는 질문을 통해 열대우림에서 경제 활동을 하며 살아가는 사람들, 이야기 첫 장에 젊은 남자에게 일을 시키고 떠난 사람 등 열대우림을 개발할 수밖에 없는 상황들에 대해 함께 고민해 본다.

아마존 열대우림의 가치와 보존의 필요성은 모두가 알고 있지만, 현실은 지금도 아마존 개발이 계속 진행되고 있다는 것이다. 왜 개발을 멈출 수 없는지, 개발을 멈출 수 없다면 그냥 보고만 있어야 하는지, 아마존 열대우림 이야기를 통해 환경 보전과 경제 개발과의 관계에 대해 함께 토의해 본다.

• 도입에서는 아마존 열대우림에 대해 알고 있거나 들었던 내용을 자유로운 분위기 속에서 이 야기하며 흥미를 유발한다. 그리고 열대우림이 사라진다면 어떻게 될지 예상해 본다.

전개

• 『아마존 열대우림의 속삭임』을 읽고 질문을 만들어 친구들과 함께 이야기를 나눈다.

> **Tip**
> 학생들이 개별적으로 책을 읽을 수도 있지만, 삽화 속에 많은 이야깃거리가 담겨 있기 때문에 그 부분을 놓치지 않도록 교사가 관점을 제시하면서 읽어 주는 것을 권장한다. 인물의 마음이 드러나는 문장이나 이야기의 내용을 파악하는 데 중요한 문장은 학생들과 소리 내어 읽어 보기, 옮겨 쓰기 등 다양한 방법으로 읽기 활동을 지도할 수도 있다.

• 책을 읽고 떠오르는 단어들을 학습지나 포스트잇에 써 본다(판야나무, 젊은 남자, 아마존 등).

• 이야기의 내용을 파악하기 위한 사실 질문을 두 개 이상 만들고, 자유롭게 교실을 돌아다니며 친구들을 만나 각자 만든 질문을 하고 대답도 한다.

  – 누가 판야나무를 도끼로 내리쳤나?

  – 판야나무를 내리친 남자는 밑동에 앉아 무엇을 했나?

  – 아마존 열대우림에는 누가 살고 있나?

  – 잠에서 깬 남자는 왜 깜짝 놀랐을까?

• 사실 질문 만들고 답하기 활동 후, 이번에는 각자 생각 질문을 한두 개 만든다. 모둠 친구들이 모여 각자 만든 생각 질문을 보드판에 붙여 가며 이야기를 나눈다. 그리고 모둠에서 우리반 전체 친구들과 토의하고 싶은 생각 질문 한 가지를 선정하여 칠판에 붙이고 반 전체 친구들과 이야기를 나눈다.

  – 젊은 남자, 늙은 남자는 누구일까?

  – 늙은 남자가 젊은 남자에게 판야나무를 내리치라고 한 까닭은 무엇일까?

  – 젊은 남자가 판야나무를 내리치는 소리를 들었을 때 동물들은 어떤 기분이었을까?

  – 젊은 남자가 잠에서 깬 후, 도끼를 던진 까닭은 무엇일까?

> **Tip**
> 모둠별 생각 질문을 모둠 보드판에 정리하여 칠판에 게시한 후, 전체 논의를 하는 것이 바람직하다. 생각 질문이 적절하지 않거나 중복된 질문이 많은 경우, 교사가 직접 의미 있는 질문을 제시하여 논의할 수 있다.

- 열대우림이 사라진다면 그곳에 사는 동물들과 아이에게 어떤 일이 일어날지 생각하며 등장인물의 입장에서 이야기해 본다.

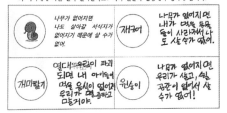

학생들이 작성한 등장인물의 입장

- '지구의 허파, 아마존이 빠르게 사라지고 있다'라는 글을 읽고, 지속가능한 지구를 위한 개발이 어떻게 이루어져야 하는지 자신의 생각을 정리하고 친구들과 토의해 본다. 사람뿐만 아니라 동물, 환경 등 여러 가지 관점에서 개발의 방향이 어떠해야 할지 생각해 보도록 한다.
  - 동물: 개발을 하되 동물의 서식지를 보존하기, 동물들이 살아가는 환경 훼손하지 않기 등
  - 사람: 동물과 자연환경을 이용한다는 생각에서 벗어나 함께 살아가야 함을 알고 잘 사는 사람과 그렇지 못한 사람(사회적 약자) 모두 개발로 인해 생기는 혜택과 피해가 공평해야 함.
  - 환경: 환경의 피해는 고스란히 우리에게 돌아온다는 것을 알고 꼭 필요한 개발인지 생각해 보기

정리

- 『아마존 열대우림의 속삭임』을 읽고 지속가능한 개발에 대한 나의 변화된 생각이나 느낀 점을 이야기해 본다.

지속가능발전교육, 어떻게 할까?

『아마존 열대우림의 속삭임』을 읽고

◆ 열대우림 속 커다란 판야나무 한 그루에 옹기종기 모여 사는 동물들의 이야기를 읽고, 질문에 답해 봅시다.

1. 『아마존 열대우림의 속삭임』 이야기를 읽고, 떠오르는 단어를 써 봅시다.

> 예 열대우림

2. 친구들과 질문 만들기 놀이를 해 봅시다.

사실 질문	예 누가 판야나무를 도끼로 내리쳤나요? • • •
생각 질문	예 잠에서 깬 남자는 왜 도끼를 바닥에 떨어뜨렸을까요? • • •

◆ 판야나무가 한 그루씩 사라지고, 열대우림이 파괴된다면 그곳에서 사는 동물과 아이에게
   어떤 일이 일어날까요? 여러 동물들의 입장에서 생각해 봅시다.

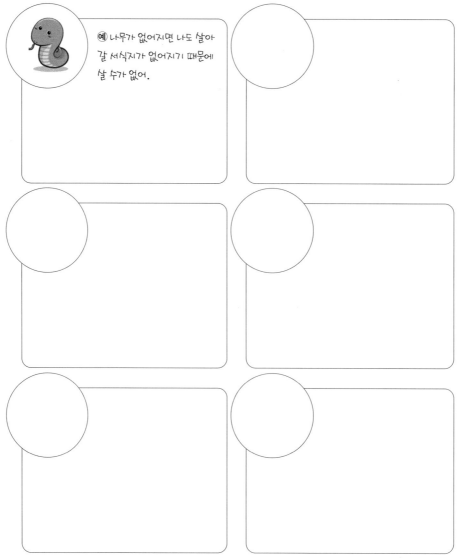

예 나무가 없어지면 나도 살아
갈 서식지가 없어지기 때문에
살 수가 없어.

◆ 아래 글을 읽고, 질문에 답해 봅시다.

지구의 허파, 아마존이 빠르게 사라지고 있다

아마존 우림은 남아메리카 아마존강에 있는 열대우림입니다. 전체 넓이는 750만 km²에 달하며, 규모가 큰 만큼 지구 산소의 1/5 이상을 만들어 내고 이산화탄소를 연간 약 10억 톤이나 흡수하죠. 또 다양한 생물종이 살고 있어요. 무려 지구 생물종의 1/3이나요. 아마존 열대우림은 그 크기만큼이나 매우 큰 역할을 하는 것을 알 수 있어요.

현대인들의 고기 소비량이 늘어나면서 목축업이 주요 산업인 브라질은 소를 키우기 위해 더 많은 목초지가 필요하게 되었어요. 산에 불을 내게 되면 목초지나 농경지 개발에 필요한 시간과 비용을 크게 줄일 수 있기에 농민들의 욕심과 정부의 관리 소홀로 인해 곳곳에서 방화를 통한 불법 개간이 되었지요. 2019년 아마존 곳곳에 피어난 붉은 불길은 많은 이들을 놀라게 했죠. 아마존은 이미 20년 전부터 벌목과 개간으로 황폐화되기 시작했고 세계인들의 무관심 속에서 불법 개간은 계속 이루어져 왔죠.

다행히 2020년 'G7 정상회의'에서 세계 각국의 정상들이 이 사태를 언급한 후 많은 사람들이 아마존 파괴에 대해 심각성을 인지하기 시작했습니다. 세계적인 스포츠 스타, 영화배우와 같은 유명인들이 #pray for amazonia(아마존을 위해 기도해요) 캠페인에 동참하였습니다. 국제 기관은 브라질 정부와 함께 산불 진압을 위한 기금을 지원하고, 정부·투자 기관들은 아마존 숲 방화를 금지하는 조치를 요구하였습니다. 최근 브라질 정부는 4개월간 숲에 화재를 일으키는 행위를 금지한다고 발표했어요.

우리가 모두 꾸준한 관심을 보인다면 아직 남아 있는 열대림, 그리고 우리의 미래를 지켜 낼 수 있지 않을까요?

(출처: 한국환경산업기술원 블로그)

1. 지속가능한 지구를 위한 개발은 어떻게 이루어져야 할까요?

예 개발을 하되 동물의 서식지를 보존해야 한다.

3 차시

지속가능한 마을의 기준은 무엇일까? [적용 학년: 5~6학년]

학습목표	• 지속가능한 마을의 기준을 설명할 수 있다.
	• 지속가능한 마을의 기준을 실제 생활에서 적용해 보는 데 관심을 갖는다.
	• 지속가능한 마을의 기준을 찾을 수 있다.
자료	• 마을의 변화된 모습 활동지, 마을 이야기 읽기 자료
	• 광주지속가능발전협의회 누리집(https://www.greengj21.or.kr)

이렇게 계획했어요

도입

• 내가 살고 싶은 마을의 모습 이야기하기

배움 주제

지속가능한 마을의 기준은 무엇일까?

전개

• 우리 지역의 '지속가능한 마을' 알아보기(마을 이야기 PPT)

• 지속가능성 관점에서 마을의 모습 살펴보기(활동지)

  – 마을의 변화된 모습 찾기

  – 마을의 미래 모습 예상하기

• 지속가능한 마을에 대한 평가 기준 세우기(개별 → 모둠 → 전체)

  – 변화된 마을 모습에서 '지속가능하다'라고 판단한 근거 말하기

  – 지속가능한 마을이 되려면 어떤 기준을 충족해야 하는지 모둠 토의하기

  – 학급 전체 의견을 수렴하여 지속가능한 마을의 평가 기준 세우기

   · 사회문화, 환경, 경제면에서 조화롭게 균형을 이루며 발전하고 있는가?

   · 마을에 사는 사람들에게 골고루 혜택(이득)이 돌아가고 있는가?

   · 현재 세대뿐만 아니라 미래 세대에도 긍정적인 영향을 미치는가?

   · 마을의 발전이 다른 지역(나라)에 긍정적인 영향을 미치는가, 부정적인 영향을 미치는가?

지속가능발전교육, 어떻게 할까?

> **정리**

- 지속가능한 마을을 위해 갖추어야 할 조건 정리하기
  - 사회문화, 환경, 경제 면에서 균형, 세대 내 형평성, 세대 간 형평성, 글로컬 관점에서 지역 간 긍정적 영향 등

이렇게 진행했어요

> **도입**

- 내가 살고 싶은 마을은 어떤 모습인지 이야기한다. 서로 도움을 주고받는 마을, 오래 살고 싶은 마을, 안전한 마을, 손님이 많이 찾아오는 마을, 걸어 다니기 좋은 마을, 자연과 친한 마을, 생활하기 편리한 마을 등 다양한 관점에서 자유롭게 이야기할 수 있도록 분위기를 조성한다.

> **전개**

- 우리 지역의 마을 사진과 함께 지속가능한 마을 만들기 사례를 들려 준다.

한새봉 두레마을   건강복지마을 만물수리센터

생태문화마을 '한새봉 두레마을'

광주광역시 북구 일곡동은 10개가 넘는 샘들과 소들이 여물을 뜯던 여물봉이 있던 곳이었습니다. 그러나 아파트가 들어서면서 대부분 사라지고 할아버지 혼자 힘들게 농사를 짓는 한새봉 자락의 작은 논만이 남아 있었습니다. 할아버지가 힘들어 더 이상 농사를 지을 수 없게 된다. 마을 주민들이 할아버지와 함께 농사를 지을 사람을 모으면서 '한새봉 두레마을'이 탄생했습니다.

한새봉에는 천연기념물 하늘다람쥐와 원앙, 도룡뇽이 있습니다. 개구리논에는 도시 개발로 찾아갈 곳을 잃었던 참개구리, 무당개구리, 청개구리, 물방개, 풍년새우 등 많은 논 습지 생물들도 살아가고 있습니다. 그래서 2010년 이곳은 한국내셔널트러스트가 선정한 '꼭 지켜야 할 자연유산'으로 지정되었습니다.

한새봉 두레마을은 흔적만 남은 생태 환경을 지키기 위해 한새봉 개구리논을 공동으로 경작하고 논 습지 보전 사업을 전개하고 있습니다. 또 자연학교를 열어 도시 숲과 논 습지의 환경적 가치를 알리고 지역 주민과 다양한 교류를 통해 도시 공동체를 만들어 가고 있습니다. 이러한 지속적인 노력을 통해 2016년 6월 '한새봉 농업생태공원'이 조성되었습니다. 이 생태공원은 농사를 체험할 수 있는 공간으로, 다양한 생물들과 함께 사는 '공생의 마음'으로 미래 세대에게 자연 생태가 유지되는 도시 환경을 물려주는 공간이 될 것입니다.

'건강복지마을' 만물수리센터

광주광역시 광산구에 위치한 한 아파트 단지는 1700세대가 넘게 사는 마을입니다. 거주민의 65%가 1인 가구이고, 노인, 장애인, 경제적으로 생활이 어려운 분들이 많습니다. 그래서 이곳은 이웃 간에도 왕래가 없었을 뿐만 아니라 700여 명의 장애인 주민이 살고 있음에도 이들을 위한 시설과 도로 정비도 되지 않아 거리를 다니는 데 불편함이 많았습니다. 이 마을에는 알코올 중독, 고독사, 쓰레기 무단 투기 등 사회적 문제가 꾸준히 발생했습니다.

그래서 2013년부터 생태문화마을 만들기를 추진하며, 마을 공동체를 만들어 나가기 시작했습니다. 주민들이 어울릴 수 있는 공간을 조성하고 도로를 개선하는 과정에서 재능을 가진 주민들이 직접 참여하기도 했습니다. 이를 통해 주민들은 스스로 할 수 있다는 자긍심, 아름다운 마을이 조성되고 나서의 뿌듯함, 성취감, 그리고 마을 공동체 일원으로서의 소속감을 느끼게 되었습니다.

이후 이 마을에는 '○○이네 만물수리센터'가 생겼습니다. 재능을 가진 12명의 주민들이 고장난 물건이 있어도 혼자서는 수리를 맡기기 힘든 장애인이나 독거노인을 직접 찾아가 무료로 수리해 주는 봉사 활동을 하고 있습니다. 이들이 수리하는 양은 하루 평균 7건, 연간 1480건이라고 합니다. 만물수리센터는 기계만 수리하는 곳이 아니라 사람들의 마음을 수리해 주는 곳이 되었습니다. 이를 통해 마을 주민이 서로 소통하면서 지속가능한 마을을 만들어 가고 있습니다.

(출처: 광주지속가능발전협의회)

Tip
> 국내외 여러 지역의 다양한 지속가능한 마을 사례로 대체할 수도 있으나, 우리 지역 마을 사례를 활용하면 학생들이 훨씬 친밀감을 느끼고 흥미와 관심도 높아진다.

- '한새봉두레마을'과 '건강복지마을' 이야기를 듣고 알게 된 점을 짝과 함께 서로 한 가지씩 돌아가면서 이야기한다.

  예 한새봉두레마을

  – 한새봉 두레 마을은 광주광역시 북구 일곡동에 있어.

  – 한새봉 주변에는 아파트로 둘러싸여 있어.

  – 예전에는 할아버지께서 농사를 지으셨는데, 지금은 힘들어 농사를 지을 수가 없어 마을 주민들이 함께 농사를 짓게 되었어.

  – 지금은 이곳에 한새봉농업생태공원이 만들어졌어.

Tip
> 짝과 돌아가며 말하기 활동을 사전에 안내하면, 학생들이 이야기를 들을 때 좀 더 집중하고, 듣기 중 활동으로 핵심 단어를 메모하며 듣기도 한다.

- 지속가능한 마을 만들기 이야기를 듣고 마을에 어떤 변화가 생겼는지 기록한다. 그리고 이런 활동이 지속되었을 때 이 마을에서 나타날 수 있는 미래 모습을 예상하여 적는다.

【건강복지마을 만물수리센터】

마을에 어떤 변화가 생겼나요?	이런 활동이 지속된다면, 이 마을에는 앞으로 어떤 일들이 일어날까요?
· 고독사가 줄었다.	· 더욱 화목해진다.
· 사람들이 밝아졌다.	· 다른 마을에도 전파가 될 수 있다.
· 재능을 개발했다.	· 주민들간의 신뢰가 높아진다.
· 봉사를 자주 한다.	· 건강해지는 사람이 는다.
· 사람들간의 피해가 줄었다.	· 아파트의 이미지가 좋아진다.

【생태문화마을 한새봉 두레 마을】

마을에 어떤 변화가 생겼나요?	이런 활동이 지속된다면, 이 마을에는 앞으로 어떤 일들이 일어날까요?
· 쓰레기가 줄었다.	· 친환경 자원이 보존된다.
· 사람들 간의 공동체 문화가 생겼다.	· 동물들이 편하게 살 수 있다.
· 농촌 체험을 할 수 있다.	· 환경이 더욱 깨끗해진다.
· 건강을 챙길 수 있다.	· 쓰레기 사용이 지속적으로 줄어든다.
· 마을이 깨끗해진다.	· 다른 마을에도 전파될 수 있다.

학생들이 작성한 마을의 변화와 미래 모습

• 두 마을 사례를 살펴본 후, 마을의 변화된 모습에서 과거와 현재 중 언제가 지속가능한 마을의 모습에 가까운지 학생들에게 판단하게 한다. 그렇다면 어떤 기준에 부합하여 지속가능하다고 판단했는지 친구들과 이야기를 나눈다. 모둠별 토의 결과를 바탕으로 우리반 친구들이 생각하는 지속가능한 마을의 평가 기준을 세워 본다.

> **Tip**
>
> 평가 기준을 세울 때 지속가능한 마을의 이전 모습과 변화된 모습, 앞으로 기대하는 모습 등을 통해 분석한 상황을 되짚어 본다. 사회문화, 환경, 경제 면에서 균형 있는 발전인지, 세대 내 또는 세대 간 형평성을 고려하였는지, 글로컬 관점에서 지역 간에 어떤 영향을 미치는지 등 교사의 보조 발문을 통해 지속가능성에 대해 다양한 관점에서 접근할 수 있도록 한다.

학생들이 세운 지속가능한 마을의 평가 기준

정리

• 모둠 친구들이 발표한 지속가능한 마을의 평가 기준을 들으며, 지속가능한 마을이 되기 위한 조건을 정리한다.

지속가능발전교육, 어떻게 할까?

4~5 차시

지속가능한 우리 마을을 만들기 위해 무엇을 해야 할까?

[적용 학년: 5~6학년]

학습목표	• 지속가능한 우리 마을을 만들기 위해 필요한 것을 설명할 수 있다. • 우리 마을에서 일어나는 문제에 관심을 갖고 해결 방안을 실천하려는 자세를 갖는다. • 지속가능한 우리 마을을 만들기 위해 다양한 해결 방안을 찾고 실천하는 과정에서 친구와 협력할 수 있다.
자료	• 『나의 독산동』, 우리 마을 지도, 스마트 기기

이렇게 계획했어요

도입

• 내가 살고 있는 마을의 자랑거리 생각하기

배움 주제

지속가능한 우리 마을을 만들기 위해 무엇을 해야 할까?

전개

• 우리 마을의 개선할 점 알아보기

 – 우리 마을에서 개선해야 할 점 찾아보기

 – 지속가능한 우리 마을을 만들기 위해 해결해야 할 문제 선정하기

• 우리 마을의 문제 해결 방법 알아보기(모둠 활동)

 – 다양한 해결 방안 이야기하기

 – 해결 방법이 지속가능한 마을 평가 기준에 적절한지 평가해 보기

 – 모둠 토의를 통해 수정·보완하여 해결 방법 정하기

• '지속가능한 우리 마을 만들기' 프로젝트 계획 세우기

 – 프로젝트 활동 내용과 방법을 구체화하여 실천 계획 세우기

 – 준비물, 모둠 역할 정하기

 – 프로젝트 실행에 필요한 도움 요청하기

- '지속가능한 우리 마을 만들기' 프로젝트 실행하기

  – 실천 계획에 따라 실행하기

정리

- 실천 결과 보고서 작성하기

이렇게 진행했어요

도입

- 『나의 독산동』을 읽고 주인공이 이야기하는 독산동의 자랑거리는 무엇인지 찾아보고, 현재 내가 살고 있는 우리 마을의 자랑거리를 찾아본다.

전개

- 살기 좋고 지속가능한 우리 마을이 되기 위해 개선할 점을 미리 조사해 온다. 그리고 각자 조사한 장소를 지도에 표시하고 그 까닭을 친구들 앞에서 발표한다. 발표한 내용 중에서 모둠별 토의를 통해 가장 해결이 필요한 문제를 한 가지 선정한다.

신◼◼◼
횡단보도는 있지만 신호등이 없어 사람들이 길을 건널 때 위험합니다.

2020년 12월 4일 😊1 ☺ 💬

07현◼◼◼
불법주차가 많아 차선이 복잡하고 힘드니 불법주차를 막으면 좋겠다

2020년 12월 7일 😊1 ☺ 💬

학급 누리집에 게시한 우리 마을의 개선할 점

미리 조사한 우리 마을 개선할 점을 지도에 표시하는 학생들

- 모둠별 토의를 통해 우리 마을의 문제점을 해결하기 위한 다양한 방법을 찾는다.

개선할 점	학교 앞 도로의 불법 주정차 문제
해결 방법	– 불법 주차하는 차에 처벌(벌금)을 강화한다. – 불법 주차하는 차에 강력 스티커를 붙인다. – 경찰관 아저씨가 주정차 단속을 한다.

Tip

모둠별로 해결방법을 찾을 때는 브레인스토밍으로 각자 최대한 많은 아이디어를 적어 포스트잇에 적는다. 다소 엉뚱하거나 현실적이지 않은 방법이더라도 친구들의 의견을 비판하거나 비웃지 않도록 지도한다. 아이디어가 모두 모이면 모둠 토의를 통해 비슷한 아이디어는 묶고, 실현 가능성이 낮은 아이디어는 수정·보완을 거치는 등 해결 방법을 몇 가지로 정리한다. 여기서 대부분의 학생은 실현 가능성이 낮다라는 의미를 학생들의 힘으로 할 수 없는 일이라고 생각할 때가 많다. 학생들이 직접 할 수는 없어도 관공서나 단체의 협조를 구해서 해결할 수 있는 일이라면 실현 가능성이 있다는 점을 학생들에게 안내하여 실천 의지를 북돋는다.

- 이전 차시에 작성한 지속가능한 마을 평가 기준에 따라 여러 해결 방법이 적절한지 평가한다. 평가 후 해결 방법이 적절하지 못하거나 부족한 부분은 수정·보완한다.

해결 방법	우리 지역 사람들에게 고루 혜택을 주는가?	현재와 미래 세대 모두에게 긍정적인 영향을 미치는가?	다른 지역 (전 세계)에도 긍정적인 영향을 주는가?	환경, 사회, 경제 면에서 조화롭게 균형을 이루는 발전인가?
단속을 통해 처벌을 강화한다.	△	△	△	○
불법 주정차에 강력 스티커를 붙인다.	△	◎	○	○

◎: 매우 적절함, ○: 적절함, △: 개선이 필요함

지속가능한 마을 기준에 따라 모둠원들이 제시한 해결 방법 평가하기 사례 소개

'단속을 통해 처벌을 강화한다', '불법 주차하는 차에 강력 스티커를 붙인다'라는 해결 방법을 지속가능한 마을 기준에 따라 적절성을 평가했더니 '우리 마을 사람들 모두에게 유익한가?'라는 항목에서 낮은 점수를 받았다. 이곳에 주차하는 사람 대부분은 우리 마을 사람이거나 도로 주변 상가를 이용하는 고객일텐데 주차 공간이 부족한 우리 마을의 상황에서 강력한 처벌만이 최선의 해결 방법이 아니라는 결론을 내렸다. 이후 스마트 기기를 활용하여 이와 비슷한 문제를 겪고 있는 지역에서 어떻게 문제를 해결했는지 찾아보고 해결 방법을 수정·보완하였다. 그 결과 짝숫날과 홀숫날 주차 가능 지역을 다르게 하여 주차 문제도 해결하고 차량이나 사람의 통행이 안전할 수 있도록 하는 방법을 제안하였다.

• 지속가능한 우리 마을을 만들기 위한 프로젝트 활동 내용과 방법 등을 구체화하여 실천 계획을 세운다. 프로젝트 실행 시 모둠별 역할을 분명히 하고 무엇이 필요한지 준비물도 꼼꼼히 기록한다. 또한 이 프로젝트를 진행할 때 꼭 필요한 도움이 있다면 교사나 주변 어른들에게 요청할 수 있다.

정리

• 계획한 내용에 따라 모둠별로 프로젝트를 실행하고 결과 보고서를 작성한다.

Tip

교사는 학생들이 활동을 수행하는 데 도움이 될 수 있는 정보나 자료를 충분히 제공하여 프로젝트 활동에 어려움이 없도록 지원한다. 프로젝트를 수행할 때는 프로젝트 활동 내용에 따라 관련 교과 시간을 확보하여 학생들이 활동에 충분히 몰입할 수 있는 환경을 조성한다. 또한 프로젝트 진행 중에도 교사가 모둠별 활동 내용을 점검하고 피드백하여 프로젝트가 마무리될 때까지 관심을 갖고 독려해야 한다.

지속가능발전교육, 어떻게 할까?

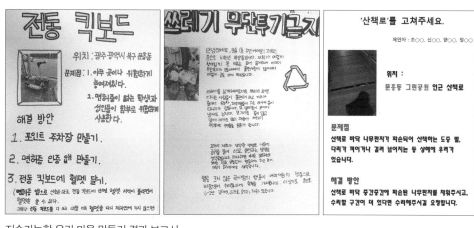

지속가능한 우리 마을 만들기 결과 보고서

6 우리의 실천 결과는 어떤 영향을 미칠까? [적용 학년: 5~6학년]

차시

학습목표
- 지속가능한 우리 마을 만들기 실천 활동이 미치는 영향을 설명할 수 있다.
- 지속가능한 우리 마을 만들기 활동에서 자신의 역할에 대해 성찰한다.
- 지속가능한 우리 마을 만들기 활동이 미치는 영향을 예측하여 평가할 수 있다.

자료
- 활동지(모둠별 프로젝트 실천 결과 평가지)

이렇게 계획했어요

도입

• 모둠별 실천 결과 보고서 관람하기

배움 주제

우리의 실천 결과는 어떤 영향을 미칠까?

전개

• 지속가능한 우리 마을 만들기 프로젝트 실천 내용 발표하기

  – 모둠별로 실천한 내용 중심으로 발표하기

  – 다른 모둠의 실천 내용에 대해 궁금한 점이나 더 알고 싶은 내용 등 질문하기

• 프로젝트 실천 결과가 마을에 미치는 영향을 생각하며 평가하기

> **Tip**
>
> **실천 결과 평가 방법 안내**
>
> 1. 지속가능한 마을의 평가 기준 상기하기
> 2. 평가 기준을 떠올리며, 어떤 부분을 평가하면 좋을지 평가 항목 재확인하기
>   – 사회문화, 환경, 경제 면에서 조화롭게 균형을 이루며 발전하고 있는가?
>   – 실천 결과가 우리 지역 사람들에게 골고루 혜택을 주는가?
>   – 실천 결과가 현재와 미래 세대에게 모두 긍정적인 영향을 미치는가?
>   – 실천 결과가 우리 지역뿐만 아니라 다른 지역(전 세계)에도 긍정적인 영향을 주는가?
> 3. 평가 항목별로 3단계(매우 적절함, 적절함, 개선이 필요함)로 나누어 평가하고, 그렇게 생각한 이유 적기

– 모둠별 프로젝트 실천 결과 평가하기

- 프로젝트 실천 후 자기 평가하기
– 프로젝트 과정에서 가장 만족스러운 부분, 가장 아쉬운 부분, 개선하고 싶은 부분, 프로젝트 후 달라진 나의 모습 등

이렇게 진행했어요

도입

- 모둠별로 작성한 실천 결과 보고서를 미리 게시하여 학생들이 관람할 수 있도록 한다.

전개

- 지속가능한 마을 만들기 프로젝트 실천 결과를 발표한다. 친구들의 발표를 듣고 프로젝트를 실행하면서 가장 어려웠던 부분이나 재미있었던 일, 더 궁금한 점 등을 질문한다.
- 모둠별 발표 내용을 듣고, 우리들의 실천 결과가 마을에 어떤 영향을 미쳤는지 생각하며 평가한다.

> **Tip**
> 지속가능한 마을 만들기 프로젝트는 학생들이 지속가능한 미래를 위해 좀 더 나은 방법을 끊임 없이 고민하고 선택해야 함을 배우기 위한 것이다. 이런 맥락에서 각 모둠별 실천 결과를 지속가능한 마을의 기준에 따라 균형 있는 발전인지, 세대 내, 세대 간, 지역 간 긍정적인 영향력을 미치는지 비판적 시각으로 평가하고, 더 나은 해결 방법은 없는지 수정·보완하기 위한 하나의 방법으로 인식해야 한다.

정리

- 프로젝트 과정에서 가장 만족스러운 부분, 가장 아쉬운 부분, 앞으로 개선하고 싶은 부분, 프로젝트 후 달라진 나의 모습 등을 기록한다.

> **Tip**
> 자기 평가 항목 문항은 추가 또는 삭제할 수 있으며, 소감록 형식으로 기록하여 친구들과 공유할 수도 있다.

1. 우리 마을의 개선할 점을 해결하기 위해 노력했던 우리들의 활동 모습을 소개해 봅시다.

활동 주제	전동 킥보드 안전
어떻게 실천하였나요?	면허증 없이 타면 안된다는 것을 알고 타지 하였다.

2. 지속가능한 우리 마을을 만들기 위해 노력했던 우리들의 활동을 되돌아봅시다.

실천하면서 가장 만족스러운 부분은 무엇이었나요?	길에 쓰러져있는 전동 킥보드 정리 해두기
실천하면서 가장 아쉬운 부분은 무엇이었나요?	면허증 없이 타는 사람들에게 면허증 없이는 타지 못한다고 말하지 못한점
이번 활동을 통해 무엇을 배웠나요?	우리 동네 문제점을 알고 실천해야하는 것들
이번 활동을 통해 나의 생각이나 행동에서 바뀐 점이 있나요?	길거리에 위험하게 주차 되있는 전동 킥보드 정리
다음에는 어떤 활동을 도전해 보고 싶은가요?	대한민국 도시에 대한 문제점 알아보기

지속가능한 마을 만들기 프로젝트 실천 결과 평가지

지속가능한 우리 마을 만들기
프로젝트 실천 결과 평가지

◆ 우리 마을의 개선할 점을 해결하기 위해 노력했던 우리들의 활동 모습을 소개해 봅시다.

활동 주제	
어떻게 실천하였나요?	

◆ 지속가능한 우리 마을을 만들기 위해 노력했던 우리들의 활동을 되돌아봅시다.

실천하면서 가장 만족스러운 부분은 무엇이었나요?	
실천하면서 가장 아쉬운 부분은 무엇이었나요?	
이번 활동을 통해 무엇을 배웠나요?	
이번 활동을 통해 나의 생각이나 행동에서 바뀐 점이 있나요?	
다음에는 어떤 활동을 도전해 보고 싶은가요?	

참고 문헌

공우석(2020). 기후위기, 더 늦기 전에 더 멀어지기 전에. 이다북스.

강순원, 이경한, 김다원(2019). 국제이해교육 페다고지. 살림터.

광주광역시지속가능발전협의회(2017). UN 지속가능발전목표 이행을 위한 광주 5차 의제.

광주시교육청(2019). 빛고을 초록사랑(초등3, 4학년용).

교육부(2015). 2015개정교육과정총론.

김다원(2020). 초등 2015개정교육과정에 포함된 지속가능발전교육(ESD) 관련 목표와 내용 탐색. 국제이해교
　　　육연구, 15(1), 1-32.

김다원, 윤정, 강지은(2020). 초등 지속가능발전교육 수업전략과 모듈 개발. 국제이해교육연구, 15(3), 49-90.

김종덕(2011). 어린이 먹을거리 구출 대작전! 웃는돌고래.

김현덕, 한대동(2015). DESD 이후 ESD 교사 교육 프로그램의 개발 방향에 관한 연구—실태조사를 중심으로.
　　　국제이해교육연구, 11(2), 1-47.

린 체리(마술연필 역)(2016). 아마존 열대우림의 속삭임. 보물창고.

마이크 버너스리(노태복 역)(2014). 거의 모든 것이 탄소발자국. 도요새.

민미숙(2016). STPV 교육공동체가 함께 하는 ESD학교 운영을 통한 지속가능발전의식 함양. 한국교총 현장교
　　　육연구보고서.

백원향(2016). 디지털디톡스 프로그램을 통한 지속가능발전 감수성 기르기: 창의적체험활동. 한국교총 현장교
　　　육연구보고서.

서정금(2016). 생명·생태 놀이터 프로그램 구안·적용을 통한 지속가능발전교육(ESD) 기초 세우기: 창의적체
　　　험활동. 한국교총 현장교육연구보고서.

손연아(2014). 초·중등학교 지속가능발전교육(ESD)에 대한 인식 및 현장학교에서 ESD를 위한 관리자와 교사
　　　의 학교평가 차이 분석. 한국환경교육학회지, 27(4), 500-520.

시마 외즈칸(고정아 역)(2020). 지구를 구하는 쓰레기 제로 대작전. 토토북.

알렉스 스탠디시(김다원 역)(2020). 글로벌 학습의 잘못된 약속. 살림터.

옴베르토 에코(김운찬 역)(2020). 지구를 위한 세 가지 이야기. 꿈터.

유네스코한국위원회(2013). 지속가능발전교육 길잡이. 유네스코한국위원회.

유네스코한국위원회(2017). 실천하는 학교 지속가능발전을 위한 세계시민 교사용 지침서.

유네스코한국위원회(2017). 지속가능발전교육을 위한 교사 지침서.

유네스코한국위원회(2019). 지속가능발전목표 달성을 위한 교육−학습목표. 유네스코한국위원회.

유은실(2019). 나의 독산동. 문학과지성사.

이동학(2020). 쓰레기책. 오도스.

이선경, 김찬국, 김남수, 주형성, 장미정, 권혜선(2012). 우리나라 초·중등학교에서의 지속가능발전교육 교사 인식과 실천사례. 환경교육, 25(3), 358−373.

이선경, 이재영, 이순철, 이유진, 민경석, 심숙경(2005). 유엔 지속가능발전교육 10년을 위한 국가 추진 전략 개발 연구. 대통령자문 지속가능발전위원회.

장성익(2017). 세계시민수업5 환경 정의. 풀빛.

장호창(2018). 지속가능발전교육과 만나는 수업설계. 부크크.

정우조(2016). 창의적인 지속가능발전교육(ESD)을 통한 생명 생태의식 기르기: 9. 창의적체험활동. 한국교총 현장교육연구보고서.

제프리 삭스(홍성완 역)(2015). 지속 가능한 발전의 시대. 21세기 북스.

조혜연, 이상원(2013). 초등학교 지속가능발전교육의 현황과 장애요인 분석. 한국초등교육, 24(3)

최원형(2019). 환경과 생태 쫌 아는 10대. 풀빛.

Berglund, T. and Gericke, N.(2016). Separated and integrated perspectives on environmental, economic, and social dimensions−an investigation of student views on sustainable development. Environmental Education Research, 22(8), 1115−1138.

Hicks, D.(2018). Why we still need a geography of hope, Geography. 103(2), 78−85.

IPCC(2014). 기후변화 2014 종합보고서.

Kopnina, H. and Meijers, F.(2014). Education for Sustainable development− Exploring theoretical and practical challenges. International Journal of Sustainability in Higher Education, 15(2), 188−207.

UN(2015). Transforming our world: the 2030 Agenda for Sustainable Development.

UNESCO(1996). Learning: The Tresure within− Report to UNESCO of International Commission on Education for the 21st Century, UNESCO(유네스코한국위원회 기획번역(1996). 21세기 교육을 위한 새로운 관점과 전망−유네스코 21세기 세계교육위원회 종합보고서−. 오름).

UNESCO(2004). United Nations Decade of Education for Sustainable Development Draft International Implementation Scheme (IIS). UNESCO.

WCED(1987). Our Common Future. Oxford University Press((조형준·홍성태 역(2005). 우리 공동의 미래. 새물결).

Whitehead, M.(2006). Spaces of Sustainability− Geographical perspectives on the sustainable society. London & New York: Routledge.

부록 I

지속가능발전교육 실천 후기

지속가능발전교육을 어떻게 시작하게 되었나요?

김 교육대학원에서 지도 교수님을 통해 지속가능발전교육이란 용어를 처음 알게 되었어요. 마침 논문 주제를 고민하던 차에 국내 지속가능발전교육 10년간의 동향을 연구하면서 우리나라의 지속가능발전교육이 어떻게 발전되었는지 좀 더 깊이 알 수 있었어요.

한 2014년 1월 지속가능발전교육 초등교사 직무 연수를 이수하고, 관심 있는 교사들과 함께 ESD연구회 모임을 시작하게 되었어요. 처음 21명의 선생님들이 함께했고, 이후 푸른광주21(현 지속가능발전협의회)의 후원을 받게 되었어요. 점차 광주 지역의 시민단체까지 네트워크가 확장되었어요.

문 2010년 학교에서 환경교육, 녹색성장교육 관련 업무 담당으로서 이 분야에 관심이 생겼고, 알면 알수록 우리가 꼭 해야 할 일이라는 생각을 하고 있었습니다. 그러다가 최근 더 포괄적인 관점에서 지속가능발전교육을 자연스레 접하게 되었고, 2015년 교과연구회 활동을 하면서 본격적인 활동이 시작되었어요.

윤 평소 환경 문제의 심각성에 대해 꾸준히 관심이 있었고, 환경을 보호하기 위해 우리가 할 수 있는 일이 무엇이 있을까 찾던 중에 지속가능발전교육을 자연스레 접하게 되었어요.

최　근무하던 학교 주변에 숲이 많았는데 우연한 기회에 시민단체와 연계하여 학교 숲 수업을 하였습니다. 그 후 교과 시간에도 주변 환경을 이용한 수업을 하였는데, 이것이 환경을 넘어 지속가능발전교육의 한 분야임을 알고 영역을 확장하게 되었습니다.

지속가능발전교육이 왜 필요하다고 생각하나요?

한　가르치는 자에게 '아이들의 삶에서 꼭 필요한 것이 무엇인가?'라는 본질적인 질문을 한다면, 전 지구적인 생존에 관련된 문제를 생각해 보고 해결 방법을 토의해 보는 것이라고 생각됩니다. 우리 아이들이 지속가능한 삶을 살아갈 수 있는 지혜를 갖도록 하는 것이 지금 이 시대를 살아가는 교사들의 소명이라고 생각해요.

김　지속가능한 마을 만들기 프로젝트를 했었는데 마무리 시간에 "지금까지 무심코 지나왔던 우리 마을에 대해 문제의식을 가지고 보려는 마음가짐이 생겼고, 우리 마을을 개선하기 위해서 더 찾아보고 싶고, 다른 모둠의 문제해결 방안에서도 많이 배웠다."라는 아이들의 이야기에서 지속가능발전교육은 무엇보다도 필요한 교육이 아닐까 생각했어요.

윤　우리 교육에서 미래 핵심 역량을 이야기하고 비판적 사고 역량을 기르는 교육에 초점을 맞추고 있으나, 실제 우리 삶의 모습 속에서 다루어져야 하는데 그게 어려워요. 곰곰이 생각해 보면 이제까지 학교에서 그런 경험이 많지 않았다는 것이죠. 그런데 지속가능발전교육은 아이들 삶 속에서 배움 주제를 찾고, 그것을 풀어나가는 배움의 장이 되기 때문에 자기주도적인 학습이 될 수 밖에 없다고 생각해요.

문　치열한 경쟁 속에서 살아간다는 두려움을 없애고 함께 배우며 성장해 간다는 파트너십을 바탕으로 우리의 미래를 함께 만들어 간다는 공동의 목표를 심어 주고 행동할 수 있는 교육이 지속가능발전교육이라 생각해요. 무심코 했던 우리들의 습관을 변화시키고, 생각하며 조화롭게 행동을 이끄는 교육이라 꼭 해야 하는 것이죠.

최　제가 생각하기에 지속가능발전교육 수업에서 가장 중요한 것은 공감인 것 같습니다. 주변 사람들에 대한 공감은 물론 자연이나 인권, 빈곤 등 우리 생활 전반의 문제에 대해 공감할 수 있는 능력이 필요하다고 생각합니다. 여러 가지 사회문제에 공감할 때 문제해결 방안을 찾을 수 있기 때문이지요.

한 과학 수업을 예로 들면 '자석에 가져가면 이 물건은 붙을까? 붙지 않을까?'라는 배움 주제
는 가치중립적이지만, 지속가능발전교육은 가치지향적 특성을 가지고 있어서 수업이 끝
나고 나면 아이들이 스스로를 뿌듯하게 여기게 된다는 것이에요. 아이들의 수업 소감에
빠지지 않고 우리만 이런 교육을 할 것이 아니라 다른 반, 다른 학년도 지속가능발전교육
이 필요하다고 이야기할 때 힘들지만 보람도 느껴요.

김 지속가능발전교육이 교과를 벗어나서 통합적으로 삶과 연결되는 점, 교실 안에서의 배움
과 학교 담장 밖의 배움이 괴리가 있을 때가 있는데 지속가능발전교육은 일관성이 있어
서 좋았어요. 또 지속가능발전교육을 하면 할수록 꼭 해야 하는 사명감이 생기는데 그 매
력 때문이 아닐까 생각해요.

문 지속가능발전교육을 사회문화, 환경, 경제로 영역을 구분하지만, 학교 현장에서 지속가
능발전교육을 하다 보면 한 영역으로만 치우치지 않고 전 영역이 서로 밀접하게 연계됩
니다. 우리의 삶을 영역으로 나눌 수 없는 것처럼요. 학교 업무와 교육과정 재구성 등 때
로는 힘들지만, 그래도 지속가능발전교육을 지속하게 되는 것이 지속가능발전교육의 매
력이라고 느껴져요.

윤 지속가능발전교육과 관련하여 여러 가지 활동을 하는 모습을 보면서 주변 동료 선생님으
로부터 '선생님을 열심히 움직이게 하는 그 힘은 무엇입니까?'라고 질문을 받은 적이 있
었어요. 갑작스런 질문에 당황했지만 다시 생각해 보니 아이들과 이런저런 활동을 하면
서 아이들의 생각과 행동이 조금씩 바뀌는 모습이 바로 나를 움직이게 하는 동력인 것 같
아요. 아이들에게 지금 우리가 하는 일이 얼마나 가치 있는 일인지 깨닫게 해 주면, 그다
음부터 아이들도 배움 활동에서 좀 더 자기주도적으로 움직이는 것 같아요.

최 교사라는 직업이 다른 사람, 특히 학생이나 학부모에게 많은 영향을 미치는데, 실제로 저
자신조차도 말과 행동이 다를 때가 많거든요. 수업 시간에 학생들에게는 자동차 이용을
줄여야 한다면서도 저는 이용하고 있는 경우가 예가 되겠지요. 그런데 지속가능발전교육
에 관심을 가진 이후부터는 저 자신의 생활이나 행동에서 많은 변화가 생겼습니다. 지금
도 출퇴근할 때 가급적 걷거나 대중교통을 이용하고 있으니까요.

문 우리 수업에서 반성적 사고를 하자면, 아이들의 삶에 변화를 가져오려면 단기적인 변화를 추구해서는 안 될 것 같아요. 예를 들어 '분리수거를 잘하고 우리 교실에서 쓰레기의 양을 줄여 볼까?'라고 했는데 아이들 삶이 한 순간에 바뀌는 게 아니므로 실천이 잘 안 될 때도 있고 아이들이 쓰레기 양에만 집중하여 교무실이나 가정으로 가져가자는 의견까지 나와서 당황스러웠어요. 실제로 교사는 격려하고 관심을 두면서 결과지향적으로 흘러가지 않도록 안내해 주어야 할 것 같아요.

윤 맞아요. 아이들이 우리의 바람대로 바람직하게 변화하면 좋겠지만 노력하려고 했다는 것만으로도 가치가 있다고 생각해요. 그리고 가르치는 우리도 수업을 하면서 배우고 있잖아요.

김 모든 교육이 그렇지만 지속가능발전교육은 교사의 모델링도 중요해요. 선생님이 지향하는 것을 보면서 아이들은 느끼거든요. 아주 더디지만 조금씩 느끼면서 변화가 이루어지도록 우리가 기다려야 해요. 또 학교에서의 배움이 학교에서만 실천으로 끝나지 않고 가정과 사회로 연계될 수 있도록 영역을 확장시켜 주어야 해요.

한 정리해 보면 결과 중심적인 생각들을 탈피하고 지속가능한 미래를 위해 현재 우리가 조금 불편해도 괜찮다는 생각을 함께 나누는 것과 우리 민족의 두레 정신, 즉 공동체 정신이 필요하죠. 또 어렸을 때 몸에 밴 습관이 평생 갈 수 있기 때문에 무엇보다 중요해요. 학생들이 지구에 살고 있는 생명체와 환경이 우리의 신경망처럼 모두 연결되어 있고, 사회문화, 환경, 경제 문제를 통합적으로 바라볼 수 있는 시각을 갖도록 하는 것도 놓치지 않아야 해요.

최 지속가능발전교육 수업은 일반 교과 수업과 달리 정해진 방법이나 내용이 없다는 것이 매력적이지만 처음 시도하기 어려운 측면이 있어요. 그래서 일반 교과 수업은 교육과정 내에서 학생 수준이 동일하다고 생각하고 교사 주도적으로 수업해도 큰 무리가 없지만 지속가능발전교육 수업은 학생이나 학교의 특성이 매우 중요하다고 생각합니다. 즉 정해진 수업이 아니라 학생, 학교, 수업 상황 등에서 수시로 변화 가능성을 열어두고 수업하는 것이 매우 중요한 것 같아요.

지속가능발전교육을 통해 실제 교육 현장에서 어떤 변화가 있었나요?

문 지속가능발전교육이 어려운 단어지만, 자주 보고 자주 생각해 보자는 의도를 가지고 그 용어를 교실에서 사용해요. 요즘은 배움이 어디에서 일어나는지가 중요한데, 우리 삶의 모습을 주제로 하는 지속가능발전교육 교육을 통해 아이들 스스로 해 보면서 가치를 느껴요. 교사인 나도 아이들과 함께하면서 삶과 가치관이 변화되는 것이 진정한 교육이라 생각됩니다.

김 지속가능발전교육의 주제들이 아이들에게 삶의 문제이기 때문에 굉장히 몰입해요. 교사가 의도한 것을 넘어서서 자연과 사람, 동물 등 다양한 관점으로 생각하고 나름의 해결 방안을 제시해요. 그리고 반드시 실천으로 이어지지요. 나로부터 시작된 변화가 가정, 그리고 다른 반 친구들에게 전해지는 모습이 참 기특하지요.

한 'Think globally, Act locally' 구호처럼 아이들이 지구인으로서, 세계시민으로서 자신의 삶에 대해 생각하게 되는 것 같아요. 나 또는 우리 가족의 삶의 방식이 지구에 어떤 영향을 미치는지, 그 문제를 해결하기 위해 나와 우리 가족은 지역에서 무슨 일을 할 수 있는지 스스로 찾아 실천하려고 하는 모습을 볼 수 있었어요.

지속가능발전교육 수업을 하면서 어려운 점은 무엇인가요?

김 수업을 듣고 실천을 잘하는 친구들도 있지만, 그렇지 못한 친구들도 있는데 조급해 하지 말고 지속적으로 이야기 나누고 해 보면 좋겠어요.

문 동료 교사들 간의 연대가 있어야 하는데, 나만 특별히 열심히 하는 교사로 비춰지는 게 아니라 함께할 수 있는 기반이 형성되면 좋겠어요. 지속가능발전교육에 관심을 갖고 함께 하려는 동료 교사가 있을 때, 기저 자료를 모두 제공하고 이끌어 주어야 한다는 부담감도 있어요.

윤 학교 현장에서 대부분 선생님이 '지속가능발전교육'이란 단어를 처음 들었을 때, 용어가 생소하고 어렵다는 말을 가장 많이 해요. 그래서 실제 수업에 적용하기도 어려울 것이라는 선입견을 갖게 되고, 또한 다문화 교육, 생명 존중 교육, 장애 이해 교육처럼 지속가능발전교육도 범교과 영역의 한 카테고리로만 생각하는 경향이 짙어요. 지속가능발전교육은 내용 영역이 넓다 보니, 사회문화, 환경, 경제 등 다양하게 접근해 볼 수 있는데, 그런 부분이 오히려 지속가능발전교육에 입문하려는 선생님들이 개념을 정립하는 데 어려워하는 부분인 것 같아요.

지속가능발전교육을 교육과정에 녹여 내는 나만의 노하우는 무엇인가요?

김   창체의 자율활동에서 학급 특색으로 하기도 하고, 교과와 연계하여 교육과정을 재구성해요. 모든 교과에 지속가능발전교육 내용 요소가 많이 있지만 특히 사회와 도덕, 실과는 지속가능발전교육의 요소가 많아 교육과정 재구성 시 중심 교과가 되기도 해요. 그리고 학기 초 학급 교육 계획을 세울 때, 동아리 활동(환경동아리)이나 학급 특색 활동으로 미리 시간을 충분히 확보하는 방법도 있어요.

문   저는 학기 초에 지속가능발전교육 관련 도서를 1인 1권 구입하여 학생들과 온책읽기로 읽고 가정에서 부모님과 함께 읽을 수 있도록 했어요. 예를 들어 올해는 『쓰레기 대작전』이란 책을 읽고 가정에서 함께 실천할 수 있는 일을 정해 1년간 꾸준히 실천할 수 있도록 했더니 호응이 좋았어요.

윤   맞아요. 가정과의 연계를 이끌어 내기 위해 학부모간담회 때 미리 학부모님들께 지속가능발전교육 교육에 대해 설명을 하는 것이 좋은 것 같아요. 저는 지속가능발전교육 관련 프로젝트를 하기 전에 수업 의도를 담은 안내장을 집으로 보낸 것도 큰 도움이 되었어요. 예를 들어 먹거리 교육은 가정에서 부모님의 도움이 무엇보다 중요하니까요.

학교 차원에서 지속가능발전교육을 진행할 때 어려운 점은 무엇인가요?

김   아직까지 지속가능발전이라는 용어 자체가 익숙하지 않은 교사들이 많이 있는 것 같아요. 그렇기 때문에 무엇을 어떻게 해야할지 몰라 학교 차원에서 지속가능발전교육을 받아들이는 데 거부감이 있는 것 같아요.

윤   맞아요. 최근에 기후 위기가 대두되면서 지속가능발전교육에 대한 관심이 많아지고 있는 점은 좋아요. 그런데 학교에서 수업을 할 때 함께할 선생님이 부족하다는 점은 여전히 어려워요. 내용이나 방법이 정해져 있지 않기 때문에 함께 수업을 공유하고 고민할 동료들이 많아지면 좋겠어요.

한 학교가 많이 바뀌었지만 여전히 관리자들이 교과 수업, 즉 학교 교육이 지식 습득에 중점을 두고 있다는 생각이 강해서 잘 이루어지지 않는 것 같아요. 많은 시민단체가 학교 수업에 참여하고 있지만 교사들이 편하게 수업한다는 생각이 많은 것 같아요.

최 제 생각은 조금 다른데요, 물론 제가 교감이니까 그럴 수도 있습니다. 기후 환경이나 지속가능발전교육을 받아들일 때 새로운 업무가 추가된다고 생각하는 경우가 많은 것 같아요. 실제로 교과나 창체 시간에 많이 이루어지고 있는데도 교육과정 재구성이라는 말 자체가 교사들에게 부담을 주는 것 같아요.

🗨 학교 차원에서 지속가능발전교육이 잘 이루어지려면 어떻게 해야 할까요?

한 조금 전에도 이야기 했듯이 동료가 많으면 좋겠어요. 그래서 지속가능발전교육 영역으로 교원연구회나 전문적 학습공동체가 많이 조직되면 좋겠어요. 우리가 부족한 점을 광주지속가능발전교원연구회에서 많이 채웠듯 말이에요.

윤 교육과정 구성에서 담임교사의 재량권을 더 많이 주면 좋겠어요. 예를 들어 시민단체 수업을 신청할 때 학년 단위로 하는 경우가 많은데 교사나 학생들의 관심사가 달라 조정하기 어려운 경우도 있어요. 그래서 교육청이나 시민단체에서 신청을 받을 때 학년이나 학교 단위가 아니라 학급 단위로 신청을 받았으면 좋겠어요. 지속가능발전교육을 처음 접하는 교사들에게는 시민단체 강사의 수업도 많은 도움이 되거든요.

김 지역사회 네트워크가 중요한 것 같아요. 아무래도 교사들이 일반 수업을 준비하는 것도 힘든데 기후환경이나 지속가능발전교육 수업을 별도로 준비하기에 부담이 있어요. 그래서 지역사회 네트워크를 구성해 함께 수업하고 프로그램도 개발하는 기회가 많아졌으면 좋겠어요. 어떤 학교에서는 학교 축제를 시민단체와 하였는데 처음에는 업무 추진이 어렵다는 이유로 교사들의 반대가 있었다고 해요. 그런데 축제를 진행하고 나서는 교사들의 만족도가 매우 높았다고 해요. 일단 전문적인 내용을 학생들이 체험과 실천 위주로 경험했고, 시민단체 역량도 높아 진행이 아주 잘 되었다고 해요.

지속가능발전교육, 어떻게 할까?

지속가능발전교육을 위한 자료 모음

교사용 자료

• 도서

구정은, 김세훈, 손제민, 남지원, 정대연(2016). 지구의 밥상. 글항아리.

기상청(2020). 기후변화과학 용어 설명집. 기상청.

마이크 버너스리(2014). 거의 모든 것이 탄소발자국. 도요새.

빌 게이츠(2021). 빌 게이츠, 기후재앙을 피하는 법. 김영사.

서정희(2012). 착한 소비를 지향하는 공정무역. 내하출판사.

아미타브 고시(2021). 대혼란의 시대. 에코리브르.

이동학(2020). 쓰레기책. 오도스.

이본 쉬나드(2020). 파타고니아, 파도가 칠 때는 서핑을. 라이팅하우스.

장한업(2018). 차별의 언어. 아날로그(글담).

조성화(2015). 교육과 지속가능발전의 만남. 북스힐.

채사장(2020). 지적대화를 위한 넓고 얕은 지식1. 웨일북.

최원형(2020). 착한 소비는 없다. 자연과생태.

허남혁(2008). 내가 먹는 것이 바로 나. 책세상.

호프 자런(2020). 나는 풍요로웠고 지구는 달라졌다. 김영사.

• 누리집

국가기후위기적응정보포털 kaccc.kei.re.kr/portal

국립환경과학원 www.nier.go.kr

기후변화홍보포털 www.gihoo.or.kr/portal/kr/main/index.do

기후정보포털 www.climate.go.kr

스마트 그린푸드 www.smartgreenfood.org

한국기후·환경네트워크 www.kcen.kr

한국환경산업기술원 www.epd.or.kr

환경교육포털 www.keep.go.kr

환경부 공식 블로그 blog.naver.com/mesns

학생용 자료

• 도서

가브리엘라 친퀘(2021). 그레타 툰베리, 세상을 바꾸다. 보물창고.

김소희(2009). 내가 조금 불편하면 세상은 초록이 돼요. 토토북.

김수희(2015). 죽음의 먼지가 내려와요. 미래아이.

김종덕(2011). 어린이 먹을거리 구출 대작전! 웃는돌고래.

김현태(2011). 북극곰에게 냉장고를 보내야겠어. 휴먼어린이.

린 체리(2016). 아마존 열대 우림의 속삭임. 보물창고.

릴리앙 튀랑, 장 크리스토프 카뮈(2020). 우리는 슈퍼히어로즈2. 키위북스.

마르크 그라뇨(2019). 미래를 위한 지구 한 바퀴. 청어람아이.

박경화(2011). 고릴라는 핸드폰을 미워해. 북센스.

박선희(2020). 지구가 보내는 위험한 신호, 아픈 바다 이야기. 팜파스.

백은영(2015). 돼지도 누릴 권리가 있어. 와이즈만BOOKs.

백희나(2014). 달 샤베트. 책읽는곰.

시마 외즈칸(2020). 지구를 구하는 쓰레기 제로 대작전. 토토북.

원유순(2018). 콩달이에게 집을 주세요. 대교북스주니어.

유다정(2019). 고래를 삼킨 바다 쓰레기. 와이즈만BOOKs.

지속가능발전교육, 어떻게 할까?

유미희(2020). 태어납니다 사라집니다. 초록개구리.

윤여림(2020). 상자 세상. 천개의바람.

이리 칸델러(2009). 눈사람을 구하라. 검둥소.

이마이즈미 다다아키(2020). 어쩌다 보니 살아남았습니다. 아름다운사람들.

이명애(2020). 플라스틱 섬. 상출판사.

이유미(2019). 선생님, 동물 권리가 뭐예요?. 철수와영희.

정주진(2020). 선생님, 더불어 살려면 어떻게 해요?. 철수와영희.

조시온(2018). 맨발로 축구를 한 날. 찰리북.

최원형(2019). 환경과 생태를 좀 아는 10대. 풀빛.

최원형(2020). 라면을 먹으면 숲이 사라져. 책읽는곰.

최원형(2020). 선생님, 기후 위기가 뭐예요?. 철수와영희.

캐롤 린드스트롬(2021). 워터프로텍터. 대교북스주니어.

코슈카(2019). 폴리네시아에서 온 아이. 라임.

티나 오지에비츠(2021). 도시의 불이 꺼진 밤. 꿈꾸는섬.

페르난도 빌레라, 미셸 고르스키(2021). 비 너머. 스푼북.

부록 II

지속가능발전교육 교육 효과 측정 설문지

안녕하세요. 설문에 응해 주셔서 대단히 감사합니다.

이번 설문조사는 지속가능발전교육과 관련하여 학생 여러분의 평소의 생각을 확인하기 위한 것입니다. 학교 성적 등과는 전혀 무관하며, 응답해 주신 내용은 통계 처리를 위한 목적으로만 사용됩니다.

설문 문항에는 정답이 없으며, **읽어 보면서 처음 떠오르는 생각**을 '전혀 그렇지 않다', '그렇지 않다', '보통이다', '그런 편이다', '매우 그렇다' 중에 내 생각과 가까운 곳에 **체크(✓) 표시**하시면 됩니다.

I. 다음은 인적 사항에 관한 질문입니다.

1. 성별은? ① 남자   ② 여자

2. 소속 학교/학년: _____ 학교 _____ 학년

3. '지속가능성' 또는 '지속가능발전'이라는 단어를 들어본 적이 있나요?

　① 있다 (3-1과 3-2번에 답하세요)

　② 없다 (4번에 답하세요)

3-1. '지속가능발전'이라는 단어를 어떻게 들어보았습니까?

　① 학교 수업 시간에　　② 책을 통해서　　③ 신문과 방송을 통해서

　④ 인터넷을 통해서　　⑤ 가족, 이웃 및 아는 사람을 통해서　　⑥ 기타

3-2. 지속가능발전의 내용에 대해 얼마나 알고 있나요?

전혀 모른다	잘 모른다	보통이다	잘 안다	매우 잘 안다
1	2	3	4	5

4. '지속가능발전', '지속가능성'이라는 단어를 들을 때, 가장 먼저 무엇이 떠오르나요? 생각이나 느낌, 단어 등 무엇이든 좋으니 생각나는 것을 자유롭게 모두 써 주세요.

_____

_____

II. 다음은 지속가능발전교육과 관련하여 학생 여러분의 평소의 생각을 묻는 질문입니다.

No.	항목	전혀 그렇지 않다	별로 그렇지 않다	보통이다	그런 편이다	매우 그렇다
5	나는 내가 해야 할 일을 스스로 계획하고 행동할 수 있다.	①	②	③	④	⑤
6	나는 다양한 경로를 통해 필요한 자료를 수집하고, 수집한 자료를 목적에 맞게 활용할 수 있다.	①	②	③	④	⑤
7	나는 하나의 내용으로부터 다양한 사례를 이끌어 낼 수 있다.	①	②	③	④	⑤
8	나는 다른 나라의 문화도 가치가 있다고 생각한다.	①	②	③	④	⑤
9	나는 갈등이나 문제해결을 위해 주변 사람들과 자주 의견을 나눈다.	①	②	③	④	⑤
10	나는 사회의 구성원으로서 내가 해야 하는 역할과 의무를 실행하려고 노력한다.	①	②	③	④	⑤
11	나는 내가 관심을 가지고 있는 직업에 대해 잘 알고 있다.	①	②	③	④	⑤
12	나는 화재 및 자연재해 발생 시 안전하게 대피하는 방법과 응급처치 방법(심폐소생술, 자동 심장충격기)을 알고 있다.	①	②	③	④	⑤
13	학급회의는 민주적인 의사결정의 과정으로 진행되어야 한다고 생각한다.	①	②	③	④	⑤
14	나는 문화와 예술이 지역의 수준을 높이고 주민들을 행복하게 만들 수 있다고 생각한다.	①	②	③	④	⑤
15	나는 미래 사회의 문제를 예상하고 이를 해결하기 위해 행동할 수 있다.	①	②	③	④	⑤
16	나는 사회 문제를 해결하기 위해 봉사활동이나 기타활동에 참여한 적이 있다.	①	②	③	④	⑤
17	나는 지구온난화(지구가 더워지는 현상)로 인한 기후변화 현상에 대해 알고 있다.	①	②	③	④	⑤
18	나는 자연환경과 사회의 여러 가지 문제들이 서로 관련이 있다고 생각한다.	①	②	③	④	⑤
19	나는 환경 보전을 위한 다양한 활동(봉사활동, 캠페인 등)에 참여할 의사가 있다.	①	②	③	④	⑤
20	나는 나의 일상생활에서 배출되는 탄소 양을 줄이기 위해 노력하고 있다.	①	②	③	④	⑤
21	나는 기업의 투명하고 책임 있는 활동을 알아보기 위해 인터넷 검색을 한 경험이 있다.	①	②	③	④	⑤
22	나는 기업의 이익 일부는 사회 발전을 위해 사용해야 한다고 생각한다.	①	②	③	④	⑤
23	나는 물건을 구입할 때 지속가능성(원산지, 재료 등)을 고려하여 선택한다.	①	②	③	④	⑤
24	나는 용돈을 사회공동 모금, 자선냄비 등에 기부한 경험이 있다.	①	②	③	④	⑤

지속가능발전교육 설문 문항 해설

설문 문항과 관련하여 학생들에게 어려운 용어들이 다소 포함되어 있어 본 해설서를 첨부합니다.

No.	항목
5	문항: 나는 내가 해야 할 일을 스스로 계획하고 행동할 수 있다.
	해설: 자신의 해야 할 일(과제, 학교 공부, 생활 패턴 등)에 대해 스스로 계획하여 실천할 수 있는지를 묻는 자기관리 역량과 관련한 문항입니다.
6	문항: 나는 다양한 경로를 통해 필요한 자료를 수집하고, 수집한 자료를 목적에 맞게 활용할 수 있다.
	해설: 다양한 문제해결 상황에서 필요한 정보와 지식 자료를 수집하고 활용할 수 있는지를 묻는 지식정보처리 역량과 관련한 문항입니다.
7	문항: 나는 하나의 내용으로부터 다양한 사례를 이끌어 낼 수 있다.
	해설: 해당 분야의 전문지식과 소양을 토대로 새롭고 의미 있는 결과나 아이디어를 산출해 내고, 자신이 학습하거나 경험한 것을 다양한 현상에 융합적으로 활용할 수 있는 창의융합사고 역량과 관련한 문항입니다.
8	문항: 나는 다른 나라의 문화도 가치가 있다고 생각한다.
	해설: 우리나라만이 아닌 다양한 나라의 문화 가치를 존중하고 이해할 수 있는 심미적 감성 역량과 관련한 문항입니다.
9	문항: 나는 갈등이나 문제해결을 위해 주변 사람들과 자주 의견을 나눈다.
	해설: 모두가 함께 살아가는 공동체 사회에서 다른 사람들과 의사소통할 수 있는 역량과 관련한 문항입니다.
10	문항: 나는 사회의 구성원으로서 내가 해야 하는 역할과 의무를 실행하려고 노력한다.
	해설: 사회를 살아가는 공동체의 일원으로서의 책임감을 묻는 공동체 역량과 관련한 문항입니다.
11	문항: 나는 내가 관심을 가지고 있는 직업에 대해 잘 알고 있다.
	해설: 자신이 관심이나 흥미를 갖고 있는 직업에 대한 진로의식과 관련한 문항입니다.
12	문항: 나는 화재 및 자연재해 발생 시 안전하게 대피하는 방법과 응급처치 방법(심폐소생술, 자동 심장충격기)을 알고 있다.
	해설: 화재나 자연재해 등 다양한 안전사고 상황에서의 대피 요령을 묻는 안전의식과 관련한 문항입니다.
13	문항: 학급회의는 민주적인 의사결정의 과정으로 진행되어야 한다고 생각한다.
	해설: 민주적인 토의, 토론 과정 등 민주적인 의사결정의 중요성 인식 여부를 묻는 사회 영역 문항입니다.
14	문항: 나는 문화와 예술이 지역의 수준을 높이고 주민들을 행복하게 만들 수 있다고 생각한다.
	해설: 행복 지표 중 하나인 문화와 예술의 중요성을 묻는 사회 영역 문항입니다.
15	문항: 나는 미래 사회의 문제를 예상하고 이를 해결하기 위해 행동할 수 있다.
	해설: 환경 문제 등 다가올 사회 문제를 예측하여 해결하기 위한 문제 인식부터 행동 실천까지의 역량을 묻는 사회 영역 문항입니다.
16	문항: 나는 사회 문제를 해결하기 위해 봉사활동이나 기타활동에 참여한 적이 있다.
	해설: 나누고 베푸는 삶의 중요성을 인식하여 실천할 수 있는 봉사활동 등의 실천 경험을 묻는 사회 영역 문항입니다.

지속가능발전교육, 어떻게 할까?

17	문항: 나는 지구온난화(지구가 더워지는 현상)로 인한 기후변화 현상에 대해 알고 있다.
	해설: 지구온난화로 발생하는 기후변화 현상에 대한 인식을 묻는 환경 영역 문항입니다.
18	문항: 나는 자연환경과 사회의 여러 가지 문제들이 서로 관련이 있다고 생각한다.
	해설: 쓰레기 문제, 인구 밀집 현상 등 여러 가지 사회 문제들이 자연환경과 관련이 있음을 알아보는 환경 영역 문항입니다.
19	문항: 나는 환경 보전을 위한 다양한 활동(봉사활동, 캠페인 등)에 참여할 의사가 있다.
	해설: 환경 보전을 위한 봉사활동, 캠페인 등의 자원봉사 활동에 대한 의지를 묻는 환경 영역 문항입니다.
20	문항: 나는 나의 일상생활에서 배출되는 탄소 양을 줄이기 위해 노력하고 있다.
	해설: 공장 매연, 자동차 매연 등 일상생활 속 배출 탄소 양을 줄이기 위해 자전거 타기 운동 등의 생활 실천 노력을 묻는 환경 영역 문항입니다.
21	문항: 나는 기업의 투명하고 책임 있는 활동을 알아보기 위해 인터넷 검색을 한 경험이 있다.
	해설: 어린이 노동 착취 금지, 착한 생산과 소비, 기업의 회계 정보 공개 등 기업의 투명하고 책임 있는 활동에 대한 관심과 이해를 묻는 경제 영역 문항입니다.
22	문항: 나는 기업의 이익 일부는 사회 발전을 위해 사용해야 한다고 생각한다.
	해설: 어린이 교육 지원, 병원 시설 확충 등 기업의 다양한 사회 기부 활동의 중요성에 대한 인식을 묻는 경제 영역 문항입니다.
23	문항: 나는 물건을 구입할 때 지속가능성(원산지, 재료 등)을 고려하여 선택한다.
	해설: 탄소발자국, 로컬푸드 등 지속가능발전을 위한 인식을 묻는 경제 영역 문항입니다.
24	문항: 나는 용돈을 사회공동 모금, 자선냄비 등에 기부한 경험이 있다.
	해설: 나누고 베푸는 삶의 예인 모금 운동, 자선냄비 활동 등의 참여 경험을 묻는 경제 영역 문항입니다.

초등교사를 위한 지속가능발전교육(ESD) 안내서

지속가능발전교육, 어떻게 할까?

초판 1쇄 발행 2022년 10월 25일

지은이 김다원·김세미·문은주·윤정·최규식·한효의

펴낸이 김선기
펴낸곳 (주)푸른길
출판등록 1996년 4월 12일 제16-1292호
주소 (08377) 서울시 구로구 디지털로 33길 48 대륭포스트타워 7차 1008호
전화 02-523-2907, 6942-9570-2
팩스 02-523-2951
이메일 purungilbook@naver.com
홈페이지 www.purungil.co.kr

ISBN 978-89-6291-986-8 93370

ⓒ 김다원, 김세미, 문은주, 윤정·최규식·한효의, 2022